OHSAMA BUNKO

いつもお金を引き寄せる人の心の習慣

碇 のりこ

三笠書房

はじめに

豊かさがあふれ出す心の持ち方「リッチマインド」とは？

はじめまして、碇のりこです。

たくさんの本の中から私の本を選んでいただき、ありがとうございます。

あなたが手に取ったこの本では、だれもが気になる「お金」について書かせていただきました。

いきなりですが、**あなたは「お金が入ってくるのはあたりまえ」と信じていますか？**

今の時代、水道の蛇口をひねると水が出てくるのは「あたりまえ」ですし、電気のスイッチを入れれば部屋が明るくなるのは「あたりまえ」ですよね。

それと同じように、**あなたにお金が入ってくることも、ほんとうは「あたりまえ」**なのです。

じつは、お金を引き寄せるには、こうしたマインドがとても大切です。

「引き寄せの法則」などの宇宙の法則が、多くの人に知られるようになってきました。

あなたのマインドが出している波動が、あなたに起きるできごとを決めているということも、すでに多くの人が理解していますよね。

けれど、多くの人は「お金」については思い通りに引き寄せることができずにいるようです。

そこで、「なぜお金を引き寄せること」や「豊かになること」が難しくなっているのか、まずはその理由をお伝えします。
そのうえで豊かな心、満たされた心である

リッチマインド®

を身につける方法をご紹介していきます。

この本では、私がいつもどのように「リッチマインド」をキープしているかをお伝えしていきます。

具体的にどうすればいいのかをていねいにご紹介していきますので、あなたもこの本を読み終える頃には、どうすれば豊かさを引き寄せる心の状態をキープできるかを理解できるはずです。

そして、実際に実践してみていただければ、**すぐにでもお金との関係に変化が起き始める**と思います。そして、それまでより気持ちよく、あっさりと、幸せにお金が入ってくることに気づくでしょう。
ぜひ、楽しみに読み進めてみてください。

ここで、すこしだけ自己紹介させていただきますね。
私は「合同会社リッチマインド」という会社を立ち上げて経営し、スピリチュアルセラピスト、心のブロック専門家、実業家として活動しています。

この本を手に取ってくださったあなたが、「お金が入ってくるのはあたりまえ」という感覚を身につけて、豊かに幸せになっていくことを願っています。

碇　のりこ

※「リッチマインド®」は、合同会社リッチマインドの登録商標です。本書では、以降、本文中の®マークは省略いたします。

もくじ
contents

2章

「豊かな波動」がお金を引き寄せます

……いつでも「ない」ことより「ある」ことに注目！

3章

お金がザーッと流れ込んでくる人の秘密

……「リッチマインド」がさらなる豊かさを約束する

「お金の流れが悪くなる人」の特徴

4章 宇宙と繋がると、すべてが手に入る

……すごい勢いで「願いが叶う」のはなぜ？

5章 心の準備が万全なら、豊かさはあなたのもの

……お金に愛される人の10のレッスン

6章

「幸せでリッチな私」のつくり方

……「いいこと」ばかりが循環する心の習慣とは?

編集協力／金子めぐみ

序章

あなたの「お金に対するイメージ」は？

……いつでも「お金が入ってくる自分」になるために

お金に対する「心のブロック」に気づく

本書を読み進めていただく前に、まずはあなたがお金に対してどのようなイメージを持っているか、ここで確認してみましょう。なぜかというと、お金は汚いものとか、いつもお金が足りないとか、ネガティブな思い込みを持っていると、お金はあなたのところに入ってこないからです。

ほんの少しでもお金に対してマイナスのイメージがあると、自分に制限がかかって思うようにお金が入ってこないですし、お金が逃げていきます。

そこで早速ですが、自分が今、抱いているお金に対するイメージをすべて書き出してみましょう。

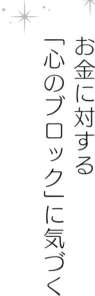

✳あなたにとって、お金とは何ですか？

（例）出ていくもの、怖いもの、汚いもの……
夢を叶《かな》えてくれるもの、豊かさを得られるもの、自由になれるもの……

✳お金にまつわる悲しい思い出やつらい思い出はありますか？

（例）親がお金のことで喧嘩《けんか》していた
学費が足りなくて行きたい学校へ行けなかった

✴あなたの両親はお金についてどんなことを言っていましたか？

（例）「ウチにはお金はないからね」
「どうせ悪いことをしてお金を得ているのよ」
「お金を持つと性格が悪くなる」

✴お金のことを家族や友人と話すことはできますか？

いかがでしたか？

お金について、知らず知らずのうちにネガティブなイメージを持っていたことに気づいた人も多いのではないでしょうか。

豊かさを妨げている「心のブロック」とは？

じつは、豊かさを妨げている「心のブロック」が一つでもあると、お金は思うように入ってきません。

いつもお金を引き寄せる人、お金がたくさん入ってくる人になるためには、この「心のブロック」を外し、**「豊かな波動」を放つ自分**になることが欠かせません。

お金に対してネガティブなイメージを持っていることに気づいたら、以下のように自問し、自分と向き合い、対話することが必要になってきます。

◇どうしてそう思うのか？

◇それは本当なのか？
◇自分はどうしたいのか？

たとえば、あなたが、「お金はすぐになくなる」と考えているとします。
実際に自分の心と向き合い、対話してみましょう。

✳どうしてそう思うのか？

・小さな頃から親が「お金はすぐになくなる」と口グセのように言っていた。
・買い物をするときも不安で、お金がなくなるのではないかと心配になる。
・給料が振り込まれてもすぐになくなってしまい、次の給料までゆとりがない。

✳それは本当なのか？

・すぐにお金がなくなるのは、無駄づかいをしているからかもしれない……
・お財布に入れている金額が少ないから、すぐになくなる印象なのかも……

・同じくらいのお給料でも貯金できている友人もいる……

✳自分はどうしたいのか？

・毎月貯金をしたい！
・もっと収入を増やしたい！
・無駄づかいをやめたい！

こんなふうに、少し自分と向き合い、対話するだけでも、自分の思い込みを意識できるようになります。すると、**お金に対する「思い込みのブロック」**が軽いものであれば、あっという間に外れていきます。

ですから、まずは自分としっかり向き合うことが、自分にかかった制限を外して豊かになっていくために欠かせないのですね。

1章

まずは「自分のお金」の現在地を知ろう

……「意識的につかう」とスイッチが入る

お金の不安から自由になる「はじめの一歩」

私はスピリチュアルセラピストや心のブロック専門家としての活動を通して、たくさんの女性と出会う機会があります。

主宰する講座では、さまざまな相談や質問をお受けするのですが、なかでも「お金」のことで悩んでいる女性は少なくありません。

そして、お金について悩んでいたり、もっとお金が入ってきてほしいと望んでいたり、お金のことで不安を持っていたりする人は多いのに、**実際に自分のお金について、きちんと把握《はあく》している人がほとんどいない**ということを知りました。

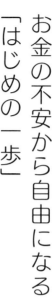

ダイエットにたとえると、わかりやすいと思います。

何も行動を起こさずに、ただなんとなく「痩《や》せたいなあ……」と思っているだけでは、体重も体型も、いっこうに変わりませんよね。

じつは、お金についても同じで、ただ漠然と「お金が欲しいなあ」と思っているだけでは、何も変わりません。

痩せたいなと思ったら、まずは体重計に乗って今の自分の体重を知るように、まずは「自分のお金」について知ることがとても大切。

そうしてはじめて、あなたが望むような状態に向かい始めるのです。まずは**今の「自分のお金」に関する現在地**を把握していきましょう。

収入と支出——「現実」をしっかり見てみよう

今の自分には、どのくらいの収入があって、どのくらいの支出があるか、あなたはすぐに言えますか？

会社勤めをしていれば、お給料の明細書などで収入額を目にしているかもしれませんが、支出をしっかりと把握している人は少ないのではないでしょうか。

「何度も家計簿にチャレンジしたけど、私には無理……」

という声も聞こえてきそうですね。

でも、毎日きちんと家計簿がつけられなくても大丈夫。私も細かく家計簿をつけるなんて、まったくできません。そして、こまめな人以外は続かないので、家計簿をつけることもおすすめしていません。

では、どうすれば支出を把握できるかというと、**大ざっぱでいいので、まずは書き出してみる**ことです。

ダイエットを始めるときに体重計に乗るのが怖いと感じる人は、「自分のほんとうの体重を見たくない、知りたくない」と思っている人ですよね。

それと同じで、お金についても、「ほんとうの状態を見たくない、知りたくない」と思っている人が、今まで自分のお金の現在地を把握してこなかった人です。

ダイエットをしようとするときも、まずは体重計に乗って今の自分を知ることで、「目標」を決めることができます。これからダイエットをするのですから、今太っていてもいいのです。

お金についても、同じ。
今のあなたがお金のない状態であっても大丈夫。

「でも、自分のお金について、はっきりと知ることが怖いし、きっとがっかりしてしまう……」

と思う人もいるでしょう。
私はそういう人に、

「早く〝がっかり〟しちゃって！」

と言いたいぐらいです（笑）。

自分のお金の現在地について早く知ることができれば、その分、豊かな波動を放

つ自分に向けて早くスタートを切れるのですから有利になります。

自分のお金ときちんと向き合い、あなたの「お金の現在地」を知ることで、「目標とする場所」を決めることもできるのです。


これは、車でナビゲーションシステムを使うときと同じです。

まずは、今いる場所（＝「お金の現在地」）がわからなければ、どこを目指していいのかわかりません。

「現在地」を把握して「目的地」を決めれば、ナビが道を勝手に案内してくれるように、「お金の現在地」を知れば、「お金の目的地」を決めて、そこに向かい始めることができるのです。

「お金の現在地」を知って「目的地」を目指そう！

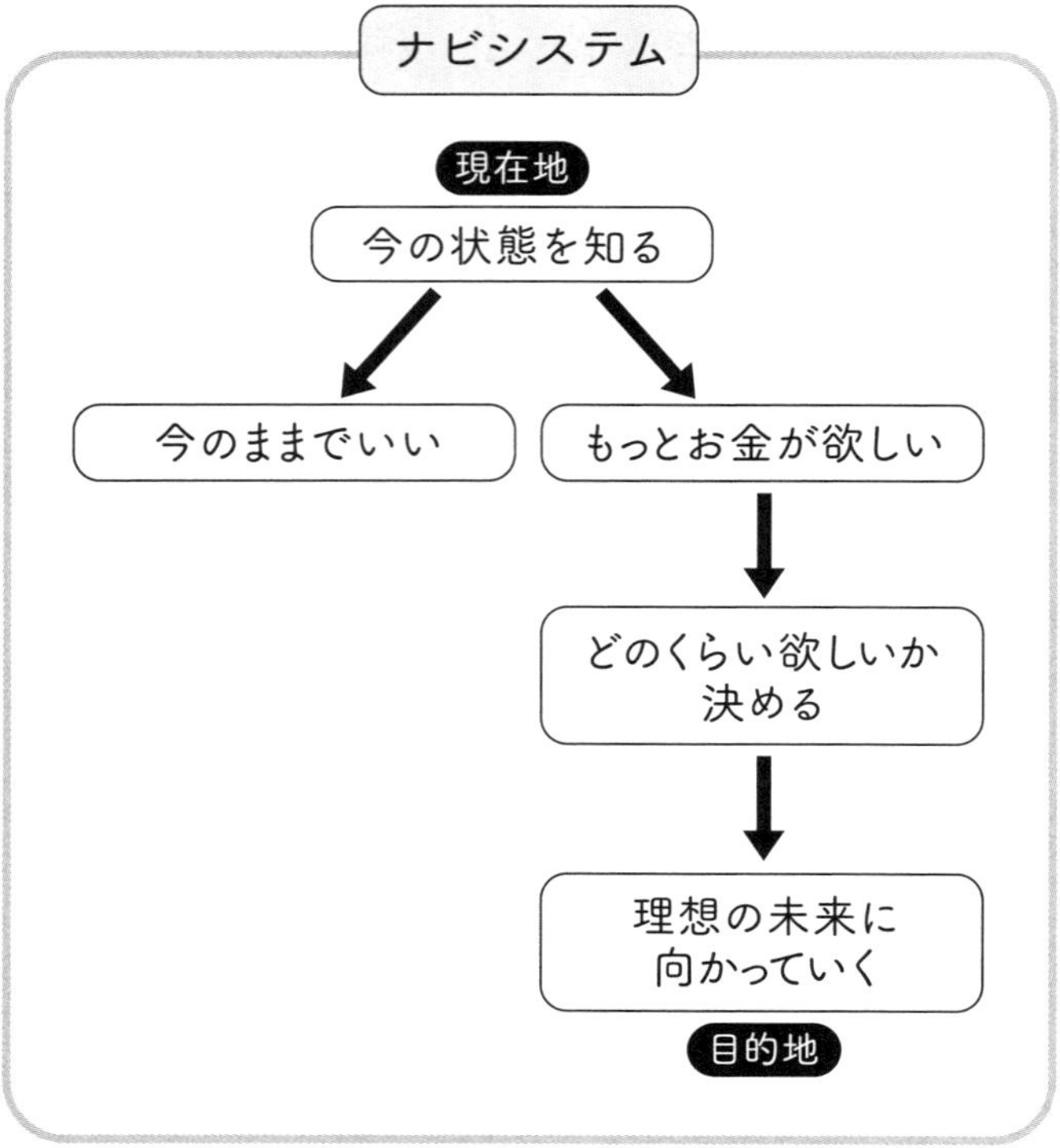

月に一度は「お金の現在地」のチェックタイムを

お金のことは、いつでも「現実」を知ることがとても重要です。
さあ、**「お金の体重計」に乗る覚悟**はできましたか。

◇毎月入ってくるお金

これはすぐに書ける人が多いと思います。
それでは、

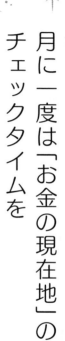

を一緒に見ていきましょう。

◇毎月出ていくお金

まずは毎月必ず出ていくお金、**「固定費」**を書き出します。

家賃や住宅ローン、光熱費、携帯やインターネットなどの通信費、保険料や習い事、子どもの教育費など、「毎月、必ずこのくらいは出ていく」という金額がありますよね。

それが「固定費」です。

固定費は、一度きちんと把握すれば、あとは毎月ほぼ同じくらいなので、頑張って金額を書き出してみましょう。

次に、固定費以外のお金についても個別に書き出していきます。

食費、外食費、嗜好品《しこうひん》や趣味につかうお金、交通費など、自分が「何に、いくらつかったか」を、大ざっぱでいいので書き出してください。

面倒だったら、ここも大体でOKです。まずは深く考えずに実際に手を動かしてみましょう。

こうした支払いは月によって内容や金額が変わるので**「変動費」**と呼ばれます。

変動費は毎月、内容も金額も変わるので、お金を何につかったか、お気に入りのノートに書いておくようにしましょう。

このように、大体でもいいので、自分がつかったお金を具体的に書き出す作業を行なうことで、あなたの「お金の現在地」をざっくりと把握することができます。

一カ月に一度は、お金を見直す時間を取ることが大切です。

セミナーや講座などで相談を受けていると、女性は数字に苦手意識を持っている人が多いようです。

でも、つかったお金を書き出して足し算していくだけですから、難しいことはないでしょう。

序章でも書きましたが、「苦手だな、嫌だな」という思いは「豊かさの波動」とは相容《あいい》れないものです。

ですので、

「自分のお金の流れが見えてきて、楽しい！　面白い」

とポジティブな気持ちで自分のお金の数字と向き合ってくださいね。

自分の「お金の流れ」をざっと確認！

お給料　　　　万円

固定費

家賃	万円
光熱費	万円
保険	万円
子ども	万円

変動費

食事、外食費	万円
嗜好品、趣味	万円
お小遣い	万円

※細かくなりすぎないようにするのが重要です！
あくまで「ざっと」でOK！

入ってきたお金		出ていくお金		残ったお金
万円	−	万円	＝	万円

現実を知って「がっかり」するのもOK

ここまで読んで、自分の「お金の現在地」を知ることの大切さは理解できたけど、それでもまだ自分のお金と向き合うことが不安で怖い、という方もいるかもしれません。

人はなぜ、自分のお金について知るのが怖いのでしょうか？

なぜ、自分のお金について「具体的な数字として知りたくない」と感じるのでしょうか？

ダイエットであれば、体重計に乗ることが怖いと感じるのは、

「太ってたら、どうしよう……」

と思うからですよね。

お金の場合は、

「思っていた以上につかっていたら、どうしよう……」

「収入から支出を引いてお金があまり残らなかったら、どうしよう……」

という不安が頭をよぎるからだと思います。

でも、先ほどもお話ししたように、**がっかりしてしまっても大丈夫**なんです。

思った以上につかっていても、お金があまり残らない計算になっても、落ち込む必要はありません。

それよりも**「自分はこれからどうしたいか」を考えるのです。**もしもがっかりしてしまったのなら、これからお金との向き合い方を変えていけばいいだけです。

体重を落とすためにはいろいろなダイエット方法があるように、豊かさをあふれ出させるためにもいろいろな方法があります。

お金の場合には、大きく分けると「増やす」か「貯める」かのどちらかになりますが、これはどちらがよいということはありませんので、自分の好みや適性で決めましょう。

「目的地」を決めたら、そこに到達するためにはいろいろな行き方がありますが、細かいルートを考えたり決めたりしなくても問題はありません。

なぜなら、**豊かさというのは「思ってもみないルート」で叶っていく**ことが多いからです。

自分の「お金の現在地」をリアルに知るのは怖いことかもしれませんが、**今の自分の状態をきちんと把握することは、お金の流れをよくするための第一歩なのです。**

お金は「増やす」か「貯める」かのどちらか！

「増やす」方法

◇転職する
◇起業する
◇投資する
◇副業をする
◇夫に稼いでもらうなど

「貯める」方法

◇コツコツ貯める
（節約・無駄づかいをやめるなど）

◇一気に貯める
（ボーナス一括貯金、
○○をやめてその分を貯金する など）

「収入より支出が多い人」の心の状態

自分のお金と向き合うことができたら、**「この先どうしていきたいのか」**を自分と話し合ってみましょう。

「この先どうしていきたいのか」を考えるにあたってのポイントは、**「自分を責めない」「だれかのせいにしない」**ことです。

たとえば、収入と支出を書き出してみたところ、「入ってくるお金」よりも「出ていくお金」の方が多いことがわかったとします。

そんなときは自分を責めるのではなく、「自分はお金をつかいすぎていたかも。

今わかってよかった！」と思うようにするといいのです。

決して、「自分はダメな人間だ」と責めたり、「ダンナの稼ぎが悪いからだ」など と人のせいにしたりしないと、自分に約束してくださいね。ただ、**「現状を受け入れる」だけ**でいいのです。

「収入より支出が多い人」というのは、お金について何らかの心のブロックがあるものです。そのブロックがお金に恵まれた人生を生きることを妨げています。

お金に関連する心のブロックには、マンツーマンで対応しても、なかなか外すのが難しいものもあります。

一方で、自分にはお金に関するブロックがあるなと意識しながら行動することで、するっと外れていく軽いものもあります。思い込みが強いブロックは外すのが難しいもの。思い込みが強くないブロックは簡単に外れやすいのです。

自分が収入以上に支出していることがわかったら、

「なぜ、こんなにつかっているのか?」

ということについて、一度自分と向き合ってみましょう。すると、「最近、仕事が忙しくてストレスがたまっているせいかも」とか、何らかの原因が見えてくるかもしれません。

そうしたら、今後は、

「お金をつかったときに、喜べているかどうか?」

を意識しながら、日々お金を使うようにしてみてください。

すると、「お金をつかっていても、喜べない、嬉《うれ》しくない、なぜか心が満たされない」シチュエーション、「罪悪感がある」つかい方が見つかってくるはずです。

たとえば、

◇買う瞬間の喜びのために洋服を買っている
◇付き合いで飲み会や合コンに参加している
◇SNSで見栄を張るために外食している
◇特売品を「安いから」という理由で買っている

など。「お金をつかっているときの感情」に意識を向けることで、
「あ、今、自分は嬉しくないこと、楽しくないことにお金をつかっているな」
と自覚的になります。

すると、そのようなお金のつかい方を自然と避けるようになります。そして「心が満たされないこと」にお金をつかうことがなくなっていくのです。

こんなふうに意識的になることで、お金についての軽い「心のブロック」は外れていくのです。

「心が満たされない」から浪費が止まらない？

自分のお金と向き合ったとき、なかには借金がある人もいるかもしれません。

今は気軽にお金が借りられるようになったためか、手元のお金が足りなくなったら借りて、返せるときには返して……をくり返しているという話を聞くこともあります。

もし、あなたがそのような状態なら、**「お金が出ていくこと」についてしっかり意識すること**が大切になります。

たまに無駄づかいしてしまって、

「あ〜、やっちゃった〜！」

ということは、だれにでもあります。

そんなときは、しっかりとそのことを意識すれば大丈夫です。

問題なのは、**「お金をつかった感じもない」のにお金がいつの間にか出ていっている場合**です。

「そんなに無駄づかいをしているつもりもないのに、なぜかお金がない」といった具合に、「何につかっているのか」を把握できていないまま、なんとなくお金が出ていってしまっている人が多いのですね。

自分が何にお金をつかっているのか、しっかりと書き出し、つかい方を見直して「意識する」ことから始めましょう。

たとえば、生活費にお金をつかいすぎているなら、いったいどの部分にお金をかけすぎているのかを具体的に把握します。コンビニでついお菓子を買いすぎていたり、一日に何度もカフェでコーヒーをテイクアウトしていたり、あるいはふらっと立ち寄ったお店でよく考えもしないままコスメや服を買ってしまっていたりするかもしれません。

なぜ自分はそうしてしまうのか、自分と対話してみてください。

以前、「なんとなくお金をつかいすぎているな」と自覚したときに、私がやったことがあります。

それは、**「家の中のものを一カ所に集めてみる」**ということです。

たとえばドレッサーとバスルームにあるものを一カ所に集めてみると、コスメや日用品などの「買い方のクセ」がわかります。

そのときのマイブームで買っているもの、安かったから買っているもの、好きで買っているものなど、「買い方のクセ」にはいろいろとあると思います。

もし「同じようなもの」が集まっていたら、どうしてそれらを買ったのか自分と対話してみるのです。

たとえば、

なぜ同じようなものがいっぱいあるのだろう？
←**安かったから**
←なぜ安いと買うのだろう？
←**お金を少しでも浮かせたいから**
←ほんとうにお金は浮いている？
←**浮いていない。むしろ、安いからという理由でたくさんつかっている**

というように対話をしてみると、なぜ同じようなものが増えているのかがわかりますよ。私はこの方法で「お金が足りなくなるのではないかという不安感から買っていた」ことがわかり、すぐにお金のつかい方をあらためた経験があります。

大切なことは、自分と対話することで自分の本心を知り、今後、どうなりたいかを自分で決めるようにすることです。

自分の買い方のクセをあらためようと決めて実行したら、浮いた分のお金で他のものが購入できますし、家族のためにお金をつかうこともできます。もちろん「なんとなくお金が出ていってしまう」状況も改善していくでしょう。

「無駄にお金をつかってしまう」ことについては、「心が満たされていないから、買い物で気を紛《まぎ》らわそうとしてしまう」という、心のブロックがあります。

どうしたら自分の心が満たされるのか、自分と対話することで見つけていけば、もっと有意義なかたちでお金をつかえるようになっていきますよ。

貯金は「ワクワクする目的」のためにどうぞ

さて、お金を貯めるのは、もちろん悪いことではありません。

多くの人は小さな頃から親に「お金は無駄づかいしないで貯めなさい」と言われて育ってきたのではないでしょうか。

ただし、一つお伝えしたいことがあります。それは、**貯金をするなら、ぜひ楽しくて、ワクワクするような目的のため**にやってください、ということです。たとえば、

◇家族でハワイ旅行に行くために貯金する

◇学びたいことを見つけたので、そのために貯金する
◇将来、独立・起業したいので、そのために貯金する

こんなふうに、「楽しい目的」のために貯金すると、つかうときには楽しく、嬉しい気持ちになりますよね。

すると、私たちの潜在意識は、お金とは「楽しいもの」「願いが叶うもの」と認識します。すると、何かをするためのお金を引き寄せることができるのです。

注意しなければならないのは、不安な気持ちから、楽しくない貯金をしてしまうことです。

◇夫が病気になったら困るから貯金する
◇万が一のときのために貯金する
◇何かあったら不安だから貯金する

こんなふうに、不安や恐れから貯金をすると、「お金は不安なもの」と潜在意識が認識して、実際に不安なことが現実化し、貯めたお金を結果的に失うことになってしまいます。病気や万が一のことが起こるなど、不穏《ふおん》な出来事が次から次へと起こってくるのです。

また、**お金は、「つかって増やす」という感覚で、自分の心が満たされる楽しいことやワクワクすることにつかう**と、喜ばしく循環していくので、徐々に大きなお金も入ってくるようになります。

ですから、貯金は、くれぐれも「楽しいことのためにつかう」という目的を持ってするようにしてくださいね。

これは節約でも同じです。「節約はよいことだ」と教えられて育った人が多いはずですし、節約は決して悪いことではありません。

ただ、「節約が楽しい」と感じているならいいのですが、お金がなくなる不安から節約しているのであれば、「お金の循環」は止まってしまいます。つまり、大きなお金が入ってこなくなってしまうということで、注意が必要です。

節約も、それ自体が楽しくてワクワクしながらやっているなら、いいのです。「節約が好きで楽しい！」という人はいろいろなアイデアを思いついて、節約を楽しむことができますよね。

でも、「なぜ、節約が楽しいのか」について、一度自分の心に聞いてみましょう。このときに「お金の不安」が少しでもあるのなら「節約してもお金がない状態」になっていきます。

お金を失う不安から我慢して節約をしていると、心が満たされない状態が続きますから、やはりお金の流れを止めてしまいます。

じつは、「節約をしすぎる人」もお金に関する心のブロックがある人が多いのです。

ブロックを外すには、次にあげたように、**自分がほんとうに納得できること、自分の人生に本当に役立つことにお金をつかう**ようにしていくといいですよ。

◇何かを勉強するなどの自己投資にお金をつかう
◇何かをする人を応援するために投資する
◇自分の心が豊かになれるものにお金をつかう

自分が成長できること、人の役に立つこと、自分の心が幸せになることにお金を流すようにすると、少しずつ心のブロックが取れていき、お金の巡りもよくなっていきます。

「必要以上に買い込んでしまう」のはなぜ？

お金について見直す時間をしっかり取ることで、ものをたくさん買いすぎていることに気づいた人もいるかもしれません。

家のクローゼットには、あふれるくらいたくさんの服があるのに、まだ洋服を買ってしまう人や、靴箱に入りきらないほど靴を持っているのにさらに靴を買ってしまう人も結構いるようです。

他にも、化粧品、日用品、雑貨、趣味の道具など、人によって**「なぜか必要以上に買い込んでしまう」**ものがありますよね。

自分がほんとうに心から欲しいもので、お金をつかったときにもワクワク嬉しくて、その後、それをつかっていても気持ちが上がるものなら、お金をつかっても心配ありません。

けれど、「自分でも、なぜそれが欲しいのかよくわからない」まま買ってしまっているものがあれば、自分の心に意識を向けてください。

洋服や靴、化粧品など自分が好きなものでも、買ったあとに「もったいないことをしちゃった……」「似たようなものを持っていた……」と罪悪感を持ってしまうようなら、自分がそういうお金のつかい方をしていることを意識しておきましょう。

ものを買うときには、買うことだけに満足していないか、それとも自分の心がほんとうに喜ぶものを買っているか、しっかりと自問するようにするといいですよ。

また、消耗品だからといって、トイレットペーパーやティッシュペーパー、洗剤などの日用品を多く買い込んだり、保存できる食品がスーパーなどで特売になっているとたくさん買ってしまったりする人もいると思います。

じつは私自身、以前、あまりお金が入ってこなかった頃はそうしていたので、気持ちはよく理解できるのです。

◇安いときに大量買いした方が得
◇今買っておかないと損してしまう
◇不安だから、とりあえず買っておく

こんなふうに、「損したくない」「不安」という気持ちから買ってしまっているのですよね。


しかし実際は、特売品を買うついでに必要のないものも一緒に買ってしまっていたり、わざわざ特売のお店まで行く時間と労力をつかっていたりするものです。

そのうえ、**ものが増えて家の中にあふれかえると、空間が少なくなりますから、**

「よいもの」が入るすき間がありません。

つまり、「安物買いの銭失い」の言葉通りの結果になるのです。

あなたも、必要ではないものを買いすぎていないか、安いからといってたくさん買いすぎていないか、意識してみてくださいね。

2章

「豊かな波動」がお金を引き寄せます

……いつでも「ない」ことより「ある」ことに注目！

お金が入ってきにくい人の「心のブロック」とは？

たとえあなたが意識していなくても、あなたは頭の中で、いつも忙しくいろいろなことを考えています。

この「意識していなくても考えている」というのが、お金と豊かさについて考えるうえで、じつはとても大切なことなのです。

子どもの頃に身につけてしまったお金に対するマイナスのイメージや、お金を素直に受け取ることのできない何らかのブロックなどが、あなたの日ごろの思考を左右しているからです。

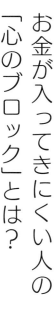

無意識のうちに、

◇お金がない……

◇みんなが持っているあのバッグを自分は持っていない……

◇私だけ彼氏ができない……

◇海外旅行に行けない……

など、自分のまわりの「ない」ことばかりを考えていないか意識してみてください。

今のあなたの環境で**「あること」「豊かなこと」に目を向けられるようになれば、豊かな波動が出るようになっていき、同じ波動を持つ豊かなものを手に入れられる**ようになっていきます。

◇優しい家族がいる
◇快適に過ごせる自分の部屋がある
◇お金をいただける仕事がある
◇一緒に遊べる友人がいる
◇好きなものを買えるお金がある
◇たまには旅行にも行っている

こんなふうに、ちょっと意識して「ある」ことに目を向けるようにするだけで、あなたのエネルギーの波動は変わり始めます。

「ある」ことに目を向けていると感謝の気持ちが湧き、波動が高まるので、ゆくゆくは大きなお金を引き寄せられるようになるのです。

「ない」を数えているか、「ある」を数えているかで、今後の人生に大きな違いが出てきます。

次に豊かさがやってくるのは「あなたの番」

もしかするとあなたは、他の人と自分を比べてしまうことがありませんか？

◇あの人には恋人がいるのに、自分にはいない
◇あの人の家はもともとお金持ちなのに、私の家はごく普通の家庭
◇あの人はやりがいのある仕事をしてキラキラ輝いているのに、自分は近所でパートの仕事
◇あの人の夫は高収入なのに、自分の夫は低収入

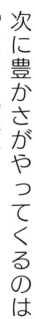

こんなふうに、自分の環境をだれかのそれと比べてしまったり、持っているもの、住んでいる場所、乗っている車などを比べてしまったりしていないでしょうか。

じつは、ここに潜在意識の落とし穴があるので、よく注意してほしいのです。

少し難しい話ですが、**潜在意識は「主語」を理解できません。**

そのため、あなたが、

「人の豊かさが腹立たしい」

と考えてしまうと、潜在意識は、

「豊かさ」＝「腹立たしい」

というように理解してしまうのです。

そうすると、どうなるかというと……。

そう、**『豊かであることは腹立たしい』ということが引き寄せられる**」という現実になってしまいます。

つまり、「豊かさから遠ざかってしまうこと」がたくさん起こってしまうのです。

だから、どうしても人と比べてしまうことがやめられないときは、**相手の豊かさをあなたの喜びにしてみる**といいのです。

「人の豊かさが嬉しい」

と思えるようになれば、潜在意識は、

「豊かさ」＝「嬉しい」

と理解しますから、あなたも豊かさを手に入れられるようになっていきます。

こんなふうに、他人の豊かさを心から喜べるようになることは、自分に対して豊かさを許していくことになりますから、あなたもぜひ心がけてみてください。

もし、どうしても「嬉しい」と思えないときは、**次に豊かさがやってくるのは「私の番」**だと思ってみる。

豊かな人がそばにいるということは、その人とあなたは同じ波動であると考えられるので、自分も豊かになりやすいのです。

他人の豊かさが腹立たしい、嫌だという気持ちのままでいると、波動が下がってしまい、次の豊かさがやってきません。

それでも喜べない、嫌だと思うときは、一度自分を見つめなおしてみるといいのです。

「なぜ、腹立たしいのだろう?」
「なぜ、喜べないのだろう?」
「なぜ、嫌なのだろう?」と。

「私だって本当は、そういう豊かさを手に入れたい」

けれど、手に入っていない自分が腹立たしいのです。

腹立たしいと思うことは、「自分も手に入れられる」と心の奥では思っているということでもあります。手に入れられるのに、まだ手に入れられていないだけ。それを素直に受け入れてみるのです。

「私も、豊かさを手に入れたい」

となったときに、波動が高まり、自分の現実が変化し始めます。

「自己肯定感」と「収入」は比例する？

あなたは自分に自信がありますか？

「自信がある」とは、自分を信じる力があるということです。

この自分を信じる力のことを **「自己肯定感」** と言うのですが、自己肯定感はあなたが手にするお金の額にも深くかかわってきます。

つまり、**自分のことを認めてあげられる人は、現実でもよい結果を手にすること**になるのです。

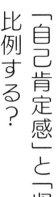

たとえば、お金に関して言うと、自己肯定感が低い場合、

【自己肯定感が低い】
←
自分には難しい仕事はできないと判断してしまう
←
無意識のうちに時給の安い仕事を選んでいる
←
お金があまり入ってこない

という結果になってしまいます。

一方、自己肯定感が高い場合、

【自己肯定感が高い】
←
自分にも、できるかもしれないと考える
←
報酬の高い仕事にもチャレンジできる
←
お金がたくさん入ってくる

という結果になるのです。

あなたは今、自分を認めてあげられていますか？

妄想するなら「不安なこと」より「楽しいこと」

あなたは、たくさんの不安を抱えて生活していませんか?

だれもが日々、心配や気がかりなことを抱えているものです。

不安は、「自分を守るための本能」としてあるもの。だから、「不安がまったくない」という状態にはならないようにできているのです。

ですので、ある程度であれば、不安があるからこそ、それがパワーになって頑張れるということがあります。

けれど、不安のあまり行動ができなくなったり生きにくくなったりするのであれば、それはとてももったいないことです。

必要以上の不安は、お金を遠ざけてしまうからです。

テレビドラマ制作の関係者の方から伺ったのですが、ドラマ撮影のとき、お金持ちの家のセットは、ものを少なくしてスッキリとさせるそう。それに対して、貧乏な家のセットは、家の中にたくさんのものを置いてごちゃごちゃとさせるのだそうです。

リアリティを出すために多くのリサーチをしたところ、**お金持ちの家ほどシンプルで無駄なものが少ない**から、ということだそうです。

あなたにも、きっとイメージできますよね？

それでは、なぜお金のない人の家にはものが多いのかというと、「不安」だからなのです。

◇「お金がなくなったらどうしよう」という不安で、ものを捨てられない
◇安いものを買うので大切に扱わず、なくしたと思ったら不安になってまた買うので、ものが増える
◇「損したくない」という不安から、安売りのときにたくさん買い込む

その結果、たくさんの不安を抱えている人ほど、ものが増えていくのです。そして、ものが増えると家の中が散らかって片づかなくなり、必要なものが見つからず、また買ってくる……という悪循環になってしまうのですね。これって、お金も時間ももったいないですよね。

じつはこれ、私の経験談でもあります（笑）。

それから、お金には不思議な習性があるので、ここでご紹介しておきましょう。

あなたが、

◇病気や事故など、何かあったら大変だから
◇いきなりリストラされたら困るから
◇急な出費のために備えておかないといけないから

と、「不安」をなくしたいからという理由でお金を貯めていると、ほんとうに不安に思っていたことが起きてお金をつかうことになります。

宇宙の法則では「その人が思っていること」を常に叶えてくれることになっているので、それは当然なのです。つまり、お金の不安が大きければ大きいほど、潜在意識は「お金がない」と認識してそれを実現しようとし、いつもお金の心配が尽きないようなことが起きるようになって、お金がない状態になるのです。

「不安だ。心配だ」といつも考えていると、その不安がほんとうに現実になってしまうのですね。

「そんなことを言われても、不安な気持ちを止められない」という人は、その不安をノートに全部書き出してみてください。

◇リストラにあったらどうしよう
◇病気になったらどうしよう
◇お金がなくなったらどうしよう
◇トラブルが起こったらどうしよう

こうしたことを全部書き出してみましょう。すると、あることがわかります。それは、こうした心配事は、すべて自分の中の妄想である、ということ。少なくとも「今起きている事実」ではないですよね。

私たちは妄想で不安を大きくし、苦しんでいるだけなのです。

どうせ妄想するなら、楽しい未来、ワクワクする未来を妄想しませんか？　それだけでも心配だらけの毎日から抜け出せますよ。

「心身のエネルギーレベルが下がる」と出費が増える？

お金は循環すると言われています。それは、ある意味で正しいのですが、すべての人に同じように循環するわけではありません。

人によってはある時期、
「なぜかお金が出ていくばかり……」
と感じられるときもあります。

そんなときは大抵、**「エネルギーのレベルが下がっている」**のです。

◇疲れているとき
◇ネガティブになっているとき
◇睡眠不足のとき
◇体が休まっていないとき

こんなとき、私たちの心身はエネルギーが枯渇《こかつ》し、頭も働きません。

すると、よく考えないままにお金をつかったり、その場限りの欲求を満たすことにお金をつかったりするようになります。そんなときは、「お金をつかっている」という自覚もあまりないので、金銭感覚がどんどんマヒしていきます。

疲れてストレスがたまっているときに、とくにお金が出ていくのは、このためです。

現代では、多くの女性が仕事をしていますし、外で働きながら家事もすべて自分でている方も多いようです。

もちろん、自分が楽しいことならいくらでもすればいいですし、楽しい、嬉しいと感じているときはエネルギーのレベルは下がらないので心配いりません。

でも、自分が本音では楽しいと感じていないことを「やらなくてはならない」と思い込んで頑張ってしまうと、心も体も休まらない状態が続いて疲れてしまうのです。

心が悲鳴を上げてエネルギーのレベルが下がっていると感じたら、仕事のペースをゆるめたり、食事づくりはお休みして外食したり、お風呂にゆっくり浸《つ》かったり、アロマを焚《た》いたりしてみましょう。

自分の好きなこと、たとえば、エステやマッサージに行く、温泉やスパで癒《いや》される、カフェでゆっくりコーヒーを飲む、本を読む、映画を観るなどして、もっと自分を大切にしてあげてください。

自分を大切にする、自分を癒す、自分を労《いたわ》る時間はとても大切です。

なぜなら、自分を大切にできないときはお金も大切にできず、お金が知らない間に出ていってしまうことが多いから。

「最近、エネルギーがちょっとダウンしているかな？」と感じたときには、いったん体の力を抜いて自分を休ませる時間をつくってあげましょう。

罪悪感を持たずにたっぷりと睡眠を取って、自分が心からリラックスできる時間をしっかりとつくるのです。

すると、心身のエネルギーも復活してきて、潜在意識につながりやすくなります。

すると、疲れてついお金を浪費してしまい落ち込む、というお金のマイナスのスパイラルから抜けることができます。

お金の流れは「私」の中から生まれている

この章の最後に、**「お金は愛のバロメーター」**という話をさせてください。

あなたは、「私」という存在を大切にしていますか？

「どうせ私なんて……」と思うのは、「どうせ私なんかにお金が入ってくることはない」と思うのと同じです。

次の章から具体的に見ていきますが、**お金を手に入れて幸せになるためには、自分自身を大切にして、自分を愛することがとても大切**なのです。

「自分の価値」を認めて自分自身を愛していると、「なんだか幸せだなあ」という気持ちが心にあふれてきます。

そして、心が幸せ感で満たされると、人様の役に立つことができます。

その役に立った分だけお金が入ってきます。つまり、自分の価値を認めて愛し、幸せを実感するほど、大きなお金を受け入れる「器」が整っていきます。


お金の流れは、「私」の中から生まれていますし、自分がつくっているのです。

だから「お金の循環」をもっとよくするには、自分自身を「一番大切な存在」として大事にしてあげることが肝心。それによって高い波動が放たれ、それに見合った豊かさが返ってきます。

お金は「愛のバロメーター」です。愛がないところにお金は入りません。

もし入ってきたとしても、それは一時的なものになってしまうでしょう。

自分自身を愛でたっぷりと満たすことで、ほんとうの豊かさが手に入ります。

このことを忘れないでください。

3章

お金がザーッと流れ込んでくる人の秘密

……「リッチマインド」がさらなる豊かさを約束する

運気がアップしてお金に恵まれる「リッチマインド」とは？

ここからは、**リッチマインド**についてのお話です。

お金が豊かに入ってくる人とそうではない人は、いったいどこが違うのでしょうか。

私は会社の経営者という立場で仕事をしながら、ＳＮＳの運営もしています。今では「心から豊かだな」と思える生活になりましたが、決して若い頃から豊かだったわけではありません。

ですから、お金がないと感じている人の気持ちもよくわかります。そして、**考え**

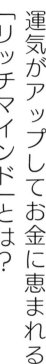

方を変えてリッチマインドでいることで、本当に運気がアップしてお金が入ってくるようになるという経験もしているので、みなさんにもぜひ、それを経験してほしいと思うのです。

そして、「心から豊かだな」と思えるようになったことで、自分のいるステージが変わり、出会う人も変わりました。

「お金が自然に入ってくる人」を実際に見ていると、豊かな人たちのマインドがどういうものなのかもわかってきました。

「お金がどんどん入ってくるようになるには、どうしたらいいの？」

と考えているあなたに、私が実感したことをお伝えしていきます。

次のページから**「豊かにお金が入ってくる人たち」の特徴**を、一つずつ具体的に見ていきたいと思います。

「豊かにお金が入ってくる人」の特徴①

「自分の価値」を認めている

大きなお金を手にする人は、「自分の価値」を認めている人です。

自分の価値を認めている人は、自分を信じて前向きに行動でき、自分のやりたいことにも積極的にチャレンジするので「行動量」が増えます。

行動量が増えれば必然的に**「経験値」**も増え、成功することも増えていくのです。その結果、お金もたくさん入ってきて、**「自己肯定感」もアップ**します。

彼らは失敗を恐れません。失敗しても、それは「うまくいくためのプロセスの一つ」だと知っているので**「自分の価値」と「失敗」を切り離して考えられる**のです。

このように、自分の価値を認めている人は、より大きなお金が入ってくる好循環が生まれます。

「豊かにお金が入ってくる人」の特徴②

人と比べず「自分に集中」する

私が出会った豊かな方々は、**常に「自分に集中」している**ように見受けられます。

自分に集中しているとは、時間を忘れるくらい無我夢中で動いているということ。なので、人と自分とを比べている時間はないということです。

そして、お金が入ってくる人は、いつも**「今、自分がやりたいこと」がハッキリしている**ので、目標を持ってそれに取り組んでいるという印象です。

みなさん、とても生き生きとしていらして、年齢よりも若く見える方が多く、一緒にいるだけで私もパワーがもらえるように感じます。

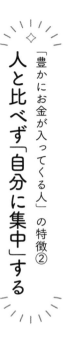

「豊かにお金が入ってくる人」の特徴③

「自分にもできるはず！」マインドがある

経済的に余裕のある人たちは、成功者を目にしたときに心から祝福することができます。しかも、

「あの人にできたのなら、自分にもできるはず！」

というとらえ方をしています。

成功を他人事とせずに、「自分もやってみよう！」と行動にうつすので、なんらかの結果が得られます。うまくいけばお金が巡ってくるという好循環が生まれますし、たとえうまくいかなくても貴重な経験値が得られ、次に生かすことができるのです。

「豊かにお金が入ってくる人」の特徴④

「不安」を「パワー」に変えている

お金が入ってくる人は、「不安」の扱い方がとても上手です。

たとえ不安を感じたとしても、そこに大きなチャンスがあればリスクがどの程度なのかをきちんと検討し、そのうえでチャレンジしていきます。

これが、**不安をパワーにできる**ということです。

新しいことを始めるときには、どんな結果が待っているかわかりませんから、だれもが不安を感じます。

豊かな人はそれを理解しているので「不安があっても大丈夫」と落ち着いた気持ちでいろいろなことの判断ができるのです。

成功した方のお話でよく聞いたのが、

「不安があったから頑張れた。もう不安になりたくないと無我夢中でやってきたら、不安がはるか後ろの方にあった」

という言葉です。

これこそが**不安をパワーに変えた**ということです。

すると、チャレンジする力も湧いてきますし、チャレンジしたその先でチャンスをつかむことができますから、ますますお金が入ってくるのです。

「豊かにお金が入ってくる人」の特徴⑤

いつでもワクワク楽しんでいる

お金が豊かに入ってくる人は、

「どうしたら理想の未来が実現するかな？」

「どうやったらお金が増えるかな？」

と、**常に楽しくてワクワクした気持ち、リラックスした状態でお金に意識を向けているよう**です。

そして、ワクワクとしつつもリラックスしているときは、直感が降りてきて、いいアイデアがひらめきやすいものです。

ひらめいた直感に従って、楽しみながら行動にうつしていくと、なぜか面白いほどお金が入ってくるのです。

私自身も、日々、

「どうしたら読者さんが喜んでくれるかな？」

「受講生さんの知りたいことは、どんなことだろう？」

「どんな商品を欲しいと思っているのかな？」

「クライアントさんは、どうやったらもっと豊かになれるかな？」


というように考えて、ワクワクしながら仕事をしています。

「豊かにお金が入ってくる人」の特徴⑥

「もっとよくなりたい！」プラスパワーが充満

お金が豊かに入ってくる人たちは、心が元気です。そして「自分自身を成長させたい」「もっとよくなりたい」と思っていますし、そうなるために何らかの行動もしています。

「現状に満足せず」というのは「感謝しない」ということとは違います。**今の状況に充分、感謝の気持ちを持ちながら、さらに高い場所を目指しているの**です。

豊かな人たちは新しい情報に敏感なため話題も豊富で、話をしていて、とても楽しい人が多いですね。私も豊かな人たちに直接お目にかかると、たくさんのプラスのエネルギーをもらえていると感じます。

「豊かにお金が入ってくる人」の特徴⑦

「常識」の枠にとらわれない

お金が入ってくる人には、「常識」というものに縛られることがない、という特徴があります。**自由に「常識」の枠を広げている**のです。

いつもフラットな状態で世の中を見ていますので、つまらないこと、些細《ささい》なことで腹を立てたりすることもなく、他人を常識で縛ることもしません。

私はいつもセミナーや講座の際にお話ししているのですが、**「常識的なことしかやらなければ、常識的な収入しか入らない」**のです。

常識の枠にとらわれていると、入ってくるお金も小さくなってしまうことになります。

私が起業するときも、常識の枠を外していきました。

当時、「スピリチュアル」という分野は、まだ世間に広く知られていなかったので、誤解も多く「怪《あや》しい」と言う人もいたのです。

けれど、私は人から「常識と違う」と言われると、トキメクのです（笑）。

なぜなら、今の常識と違うということは、ビジネスとしてこれから期待できるということだと思えるからです。

ですので、私は自信を持って「スピリチュアル」の素晴らしい世界をみなさんに紹介することを始めたのです。

たとえば、心の問題を解決するための「カウンセリング」も、アメリカから日本に入ってきた当時は世間一般の人には理解されず「怪しい」と言われていました。

けれど、一九八八年には大学院で学ぶ必要がある「臨床心理士」という資格ができきて医療の一部として取り入れられるようになり、二〇一七年には「公認心理師」という国家資格が誕生しています。

どのような分野でも、先駆者は、それを学びたいとあとに続く人たちの指導者となることが多く、より大きなお金を手にすることができるのです。

一般的な常識とは違うことに興味を持てるかどうかは、自分の常識の枠で決まってしまいます。自分が持っている常識の枠を外していくと、思ってもみなかったところからお金が入ってくるようになりますよ。

「豊かにお金が入ってくる人」の特徴⑧

「ノウハウ」よりも「マインド」を重視

今はお金に関する本もたくさん出ていますので、あなたも、お金に関するいろいろな情報を受け取っていると思います。

では、お金持ちになるためのノウハウがこれだけあふれているのに、実際にみんなが経済的に豊かになれないのは、なぜだと思いますか?

それは、マインドが違うからなのです。

どんなに「絶対にうまくいく」と言われているノウハウの通りにやったとしても、**心がお金を受け取ることを拒否していたらお金は入ってきません。**

どんなに頑張っても、頑張っても、心が「貧乏」のままだったら、入ってくるお金を心が受け取り拒否してしまうので、お金持ちにはなれないのです。

ですから、ノウハウをどうこうするより、まずはマインドを変えることを優先してください。

順番で言うと、

「心が変わる（マインド）」→「行動が変わる（ノウハウ）」→「その結果お金が入ってくる」

ということなのです。

「豊かにお金が入ってくる人」の特徴⑨

いつでも「豊かさ」に視線をフォーカス

豊かな人たちは、**今持っているもの**に目を向けています。**豊かさにポジティブにフォーカスしているので、潜在意識が豊かなものを引き寄せている**のです。

そして、豊かな人たちは、困ったことが起きたときにも、今自分が持っているもの（知識、スキルや人脈など）に目を向け、それらをつかって解決することができます。

そして、豊かさにポジティブにフォーカスすることで、自然と**感謝の気持ち**が生まれます。感謝の気持ちを持つと人間関係もよくなり、またそうしてできた人脈がさらなる豊かさにつながるよい情報を運んできてくれるようになるのです。

「豊かにお金が入ってくる人」の特徴⑩

ゆったりと行動している

私は豊かな人たちをたくさん見てきましたが、そういう人たちって、**ゆったりと行動**しています。

地に足をつけて、何があっても動じないような落ち着きがあるんですね。

いつも余裕がある雰囲気で、それがお金持ちの人たちのオーラになっています。

あなたにもイメージできるのではないでしょうか。豊かな人が自信をみなぎらせて、ゆったりと行動している姿が。

お金は、こうしたゆったりとしたエネルギーのところに集まってきます。

高級感のあるレストランや一流ホテルのロビー、新幹線のグリーン車や飛行機のファーストクラスやビジネスクラスなどが、ゆったりとした豊かな雰囲気なのは、あなたも感じたことがあるはずです。

そういった場所には、落ち着いてゆったりとした人たちが自然と集まってきますし、そういった人が集まってくれれば、その場所はさらに豊かさのオーラに包まれていきます。

あなたも、まずはそういった場所に行ってみることで、その波動を感じてみてください。

きっと、あなたの波動も上がり、運気が好転していくはずです。

「豊かにお金が入ってくる人」の特徴⑪

いつも「普通に」お金の話ができる

お金が豊かにある人たちとお付き合いしてみるとわかるのですが、日ごろから、お金の話をよく口にしています。

「どうやったら稼げる」とか「お金を何につかった」とか、お金のある人たちは平気で口にしています。その様子には、がめつさもいやらしさもまったくなくて、**「普通に」お金の話ができる世界**なのです。

お金が入ってくる人たちは、お金に対してよい印象しかないので、いつも気持ちよさそうに、(お金のあることが自然ですから)自然体でお金の話をしています。

私がまだ起業したての頃のことです。お金持ちや成功している人と会う機会が増

えたのですが、そういう方々はみんな、

「いくら稼いだの？」

「そんなに売り上げが上がってすごいな！」

「今度、いくらでやろうと思うんだ。うちももっと稼ぐよ！」

と、お金の話を普通にしていて驚いたものです。


当時、私はお金に対する心のブロックが強すぎて、お金の話をするなんて、あさましい、みっともない、恥ずかしいことと思っていました。ですので、こんなにお金の話をしている人たちをたくさん見て、自分の常識が思いっきり変わりました。

お金がなかなか入らない人は、お金のことを隠そうとしたり、お金の話に抵抗があったりするものです。それがわかるのは、私が両方の立場を知っているからだと思います。

お金の話を普通にしている人にお金が入ってくるのですから、お金の話を普通にできる人が増えるといいですね。

「豊かにお金が入ってくる人」の特徴⑫

「お財布」を大切につかっている

これまで、私は豊かな人たちがどのようなお財布をつかっているのかを見てきました。

その結果わかったことは、**自分が気に入ったお財布をつかっていることが一番大切**で、豊かさはお財布の形や色には左右されない、ということでした。

キャッシュレス化が進んでいる今、なかにはお財布自体を持ち歩かない方や、マネークリップでお札を持ち歩いている方もいらっしゃいました。

ただし、お金が巡ってくる方のお財布のつかい方には共通点があります。

まずは、**お財布そのものを大切につかっていること**。

そして、**お財布の中はスッキリとしていて、お札の向きも揃《そろ》っています。**私も、お札の向きを揃えるようにしています。こうしておくと、お金を支払うときも気持ちよくお金を支払えるんです。

豊かな人たちは、お金自体も大切にしています。しかしそれだけでなく、お金を手渡す相手にも気持ちよく受け取ってもらえるようにお札を揃えているのです。

また、**お財布の中がパンパンになっているとお金が出ていってしまう**ので要注意です。

私の経験なのですが、あるときカードやレシート、現金などでお財布が閉じられないほどパンパンになったことがありました。そうしたら、急に車の修理が必要になり、まとまったお金が出ていってしまったのです。

支払いを終えたあとには、お財布を閉じることができました（笑）。

お金以外のもの、カードやレシートなどでお財布がいっぱいになってしまっている人は、今すぐ整理してスッキリさせましょう。

それから、私の場合ですが、お財布の中のお札を数枚だけ「種銭《たねせん》」として、逆さまに入れています。

「種銭」とは、お財布に入れておくとお金を増やしてくれる銭、つまりはお金のことです。お札には、アルファベットと数字が印刷されていますが（これを「記番《きばん》号《ごう》」と言うそうです）、**一万円札の番号の末尾が「9」と「5」の数字のものが、お金を増やしてくれる「種銭」**となります。

「9」は宇宙につながっている数字で、最大であり最強であるという意味が込められています。「5」は寂しがりやさんの数字で、友達を集めるという意味がありますのでお金が増えていくのです。その「9」と「5」に「X」「Y」「Z」の末尾がつくと、強いパワーを持つ数字になります。**その中でも「9Z」が最強の種銭となります**よ。

中国の**「倒福《とうふく》」**というものを知っていますか？

中国では春節の際に、「福」の字を書いた赤色の紙を家に飾るのですが、そのとき「福」の文字が逆さになるようにするので「倒福」と呼ばれています。あなたも中華料理屋さんなどで、見たことがあるかもしれませんね。

私はその逆さまの「福」の字を見ると「福が降りてくるなあ〜」と感じるので、お財布にも福が降りてくるように、お札を逆さまに入れているのです。

その他のお札は、普通の向きで揃えて入れています。お金の向きを揃えて入れるのは、お金の流れがよくなる金運アップの方法です。

これらはお金持ちの人がみんなやっているというわけではないので、あなたもやってみて気持ちよく感じたり、効果があるように感じたりしたら続けてください。何よりも、自分が気持ちよく感じることが一番ですから。

お金持ちの人に買ってもらったお財布も金運をアップさせますし、お金持ちの人と交換してもらったお札を「種銭」として入れることも、豊かな波動を取り入れることになりますから金運が上がります。

「豊かにお金が入ってくる人」の特徴⑬

すべてのことに「感謝の気持ち」を持つ

私はよく**開運旅行**をします。吉方位《きっぽうい》を選んで、そちらの方角に自宅から三十キロ以上離れたところへ出かけるのです。忙しいときには日帰りということもありますが、開運旅行のあとはお金の入り方がよくなっていることを感じます。

あるとき、経営コンサルタントの船井幸雄さんが「お金に困りたくなかったら、この神社へ行くとよい」と紹介していた金運が上がると言われている神社へ行きました。

すると、神社へ向かう道では、運転手付きの黒塗りハイヤーなどの、いかにも「成功者が乗っている」という感じの車とすれ違うことが多かったのです。すでにそうした車に乗ることができているような豊かな人が、神社に参拝しているのですね。

会社を経営されている方の中には、神社への参拝を欠かさない人が多いようです。

やはり、経営はすべてが計算通りにいくことはありませんから、**自分がするべきことをしっかりとしたあとは、神様にお任せするという気持ち**になるのだと思います。

私は、開運旅行では神社の神様に感謝を伝えに行くこともよくあります。

神社を参拝するとき、私は、

「○○を叶えてください」

「○○になりますように」

と「神様にお願い」することはありません。

そうではなく、はじめに神様に今の幸せとそれに対する感謝を伝え、

「これから、○○をしますので見守っていてください」

と、**これからの仕事の内容と自分がしていくことを神様に宣言する**ようにしています。

神様に対する、私の決意表明になっているのかもしれませんね。不思議なことにこうすると、神様に応援してもらえているような安心した気持ちで物事を進めることができ、いろいろなことがうまくいくのです。

お金が入ってくる人は、すべてのことに感謝の気持ちが持てる人です。いつも「ありがたいな」と思う気持ちがあるから、神社へ参拝するのだと思います。

今、パワースポット巡りが流行《はや》っているようですが、神社の中には、パワースポ

ットとして知られている場所も数多くあります。また、最近は御朱印を集めている女性も多いようで、神社ブームとも言えますね。

あなたも、**神社を参拝したときには「神様への感謝」をまず伝える**ことを心がけてみてください。

そして、物事がうまくいったら、その神社に改めて**「お礼参り」**をしてください。

そうすると、さらに「いいこと」がたくさん起こってくると思いますよ。

さて、次ページからは、**知らないうちに「お金の流れが悪くなる人の特徴」**について書いていきます。

自分があてはまらないか、確認してみてください。

「お金の流れが悪くなる人」の特徴①

「自己肯定感」が低い

「自分の価値」を認めていない人には、お金が入りにくいものです。また、せっかく入ってきたお金も、自分が認めた価値より多い分は出ていってしまうのです。

これは、「お金が勝手に出ていってしまう」わけではなく、無意識のうちに無駄づかいをしてしまうのです。

「自分はたくさんのお金を手にするのにふさわしい存在だ」と思えるようになれば、お金は入ってきます。そして、入ってきたお金もしっかり残っていくのです。

では、自分を認めて、自己肯定感を高めるには、どうしたらいいのでしょうか。

私がおすすめするのは、**「常に自分をほめるクセをつけること」**です。

たとえ、いつものルーティンの行動であったとしても、自分がしたことはすべて、認めてほめてあげるといいのです。


「今日、ちゃんとお掃除した私はえらい！」

「今日、仕事を頑張った私はすごい！」

「今日も家族のために料理した私は最高！」


こんなふうにどんどん自分をほめて、自己肯定感を高めるようにすると、不思議なくらい、それに見合ったお金が入ってくるようになります。

「お金の流れが悪くなる人」の特徴②

つい「だれかと比較」して一喜一憂する

自分のことに集中できず、「つい、だれかと比べてしまう」状態のときも、お金の流れは悪くなってしまいます。

自分のやるべきことに集中できず、他人の言動にばかり目が行ってしまっては当然、よい結果にはならないですよね。

他人との比較をしてしまったとしても、そのとき感じた「悔しい気持ち」を、自分をポジティブにアップデートしていくエネルギーに変えられるのであれば、いいのです。

けれど、ただだれかのことを妬《ねた》んで、ひがんでしまうだけで終わり、その悔しさや嫉妬を「行動のエネルギー」や「頑張るためのパワー」に変えられないと、つらく苦しいものです。

そんなときはいつも「宇宙から何かを伝えられている」と考えてください。

「つらい」「苦しい」気持ちがあるときは、
「あなたは何か、間違えていますよ」
という宇宙からのメッセージが伝えられているときなのです。

お金は、つらくて苦しい思いをしないと入ってこないものではありません。
好きなことをしながら、楽しく豊かにお金を手に入れることもできるのです。

これは、とても大切なことなので覚えておいてくださいね。

「お金の流れが悪くなる人」の特徴③

仕事を楽しめない

「仕事がつまらない」

「会社が楽しくない」

「ノルマがつらい」

そんな思いを抱えながら仕事をしている人は、少なくないようです。


仕事の目標を「つらいけれど、達成しなければならないこと」と考えていると、気分も落ち込みがちになり、お金の流れも悪くなっていきます。

生き生きと仕事を楽しむこともできませんからストレスがたまり、そんなネガティブな状態では、いい仕事をするために必要となる直感もにぶってきてしまうのですね。

義務感から嫌々、仕事をしていても、よいアイデアも出てこないので、ますます仕事はつらいものになっていきます。もちろん仕事を通じて成長することもできません。

もし、あなたにも思い当たるところがあるなら、**今の仕事の中で楽しんでできること**を何か探してみましょう。

また「楽しんでできることなんて、一つもない」というのであれば、転職なども視野に入れることも大切です。

そして、新しい仕事をすることになったら、できるだけ楽しんで、リラックスできるようにしてみてください。

仕事に前向きになればなるほど、「直感が冴《さ》えてきたな」「インスピレーションが湧いてきたな」と思うことが増えて、きっとお金の流れがよくなるはずです。

「お金の流れが悪くなる人」の特徴④

成功した人を「自分とは関係ない」と考える

成功者を目にしたときに、

「自分とは関係ない」
「成功者は運がよかっただけ」
「きっと何かずるいことをしているに違いない」
「どうせ自分には無理」

というように、ネガティブなとらえ方をしてしまう傾向にある人がいます。これは、とてももったいないことです。

「私は成功しません」と言っているのと同じだからです。

あなたは成功者を目にしたとき、どのように感じますか？

宇宙の法則は、すべての人に働いていますから、**あなたにも、豊かに成長するチャンスはあるということなのです！**

成功して豊かな人を目にすることがあったら、

「どうやったら、ああなれるのかな？」

「私にもできるはず！」

「素敵！　私もそうなりたい！」

というふうに、素直になってポジティブに受け取ると、お金が入ってくるようになりますよ。

「お金の流れが悪くなる人」の特徴⑤

お金の話を避けてしまう

あなたは家族や友達といるとき、お金の話を気軽にできますか？

あまりお金が入ってこない人たちは、以前の私がそうだったように、なんとなくお金の話を避けて遠回しに口にしたり、またはお金についてはまったく話をしなかったりします。

「お金のことを口にするなんて、がめついこと」とか「お金なんて、いやらしいもの」と思っていたら、お金が入ってくるはずはないですよね。

なぜなら、人は「がめつい」とか「いやらしい」などと感じてしまうものを手に入れたいとは思わないからです。

だから、お金の話を避けている人にはお金が入ってこないのです。

私は、お金のある人たちと普通にお金の話をするようになってからというもの、心の底から、

「お金が大好き!」


と言えるようになりました。

お金の話を避けずに、普通に話せるようになると、お金の流れがよくなっていくようです。

「お金の流れが悪くなる人」の特徴⑥

「やりたくないこと」を我慢してやっている

あなたは、「やりたくないこと」を我慢してやっていませんか？

「やりたくないこと」を嫌々ながら行なって、現状に不平不満を抱えたまま過ごしていると、お金の流れは悪くなってしまいます。

人生では、「やりたくないこと」を我慢してやっている人には、お金が入ってこないのです。

今のあなたの人生の中で、我慢していることはありませんか？

ここで我慢してやっていること、ほんとうはやりたくないことを書き出してみましょう。

たとえば、

「掃除をしたくない」
「料理をするのが嫌だ」

などです。

もし、我慢して仕方なくしていることが何かあれば、
「やりたくないことは、しない」
を実践してみるといいですよ。

掃除機をかけることを面倒に感じているなら、ロボット掃除機を買ってもいいですし、お掃除代行サービスにお願いしてもいいんです。「自分がラクになる」ということがとても大切です。

料理が苦手でやりたくないなら、外食やデリバリーに頼ってもいいですね。

そして、家族の協力を得るなどして、できるだけ「やりたくない」と思っている時間を減らすことです。

これは勇気がいることかもしれません。

でも、自分がやりたくないことを代行してくれるサービスにお金をつかうことで、「嫌だな、やりたくないな」というマイナスの気分を遠ざけることができ、**自分の人生の時間を豊かにできる**のです。

そうすることで心に余裕が生まれ、楽しめる時間が増えて豊かになっていきます。

我慢する時間をなくすと、お金の流れが変わってきますよ。

「お金の流れが悪くなる人」の特徴⑦

落ち着きがなくジタバタしている

お金の流れが悪い人は、何かあるとジタバタしてしまいがちです。すぐに焦《あせ》ってしまって、ついつい余裕のない行動を取ってしまうことが多いのです。

そして、慌《あわ》てて取った行動や、不安や恐怖から逃げたくて取った行動が、さらに事態を悪化させることが少なくありません。その結果、お金も失ってしまうという悪循環におちいるのです。

お金は、そうしたジタバタした落ち着かないエネルギーのところには集まりません。集まらないどころか、今あるお金さえ失ってしまうのです。

激安スーパーマーケットの売り出しの日や、デパートのセール期間などは、「落ち着いた雰囲気」とは逆のエネルギーですよね。

だから、「安物買いの銭失い」と言われるような、無駄な買い物をしてしまいがちなのです。

まずは、**ゆったりとした豊かな雰囲気の空間を味わってみる**ことをおすすめします。そんな空間で肩の力を抜き、深呼吸をして、体がラクになっていくのを感じましょう。

リラックスした時間が増えるほど、お金の流れもよくなっていきます。

「お金の流れが悪くなる人」の特徴⑧

相手から「奪うこと」ばかり考えている

自分が与えていない人には、お金が入ってきません。なかには、与えていないばかりか、人から奪っている人もいるので注意が必要です。

私は、人から奪う人のことを**「クレクレ星人《せいじん》」**と呼んでいます。

クレクレ星人は、自分がそうであることに気づいていないことが多いので、なかなか変わることはありません。

自分の心がいつも満たされない状態で、だれかに認めてもらいたい。

そんなふうに「自分にはない」と思っているので、「クレクレ星人」は無意識のうちに人から奪おうとしてしまうのです。

「クレクレ星人」は、相手の時間やエネルギーを奪うことも多いのですが、これはお金を奪っていることと同じですよね。

人から奪っているから、自分のお金も奪われてしまうという結果になるのです。

また、何かを購入したのになかなか支払わない人も、お金の循環を止めていますから、お金が入らなくなっていきます。

これは、たとえば購入した相手のことを思えば、エネルギーを奪っているのと同じなのです。何かを買った会社に支払わないでいれば、その会社の担当者は支払いの確認を何度もしたり、請求書を再発行したりと多くのエネルギーをつかうことになります。

人にエネルギーをつかわせると、自分も必ず応分のエネルギーをつかうことになります。つまり、人につかわせたエネルギーに見合ったお金を失っていくのです。

購入したものやサービスに感謝して、スムーズに支払う人にはお金が循環していくのです。あなたもこのことは意識してみてくださいね。

4章

宇宙と繋がると、すべてが手に入る

……すごい勢いで「願いが叶う」のはなぜ？

「すべてを手に入れるしくみ」のお話

この章では、**「宇宙と繋《つな》がる」ことで、お金だけでなく幸福や愛情など、すべてのものを手に入れられる「しくみ」**についてお話ししていきたいと思います。

さて、スピリチュアルな意味合いで「宇宙」と言うとき、それは私たちの人生や世界を司《つかさど》っている「真理」とか「本質的な法則」「概念」「自然の法則」など、さまざまな意味を持っています。

この宇宙と繋がることで、私たちは自分の心がほんとうに欲しいと願っているもの、仕事での成功、手に入れたいもの、会いたい人などを、無理なく引き寄せることができます。

また、思考もクリアになって、自分の願った通りのことが現実化しやすくなっていくのです。

それでは、私が常に意識して活用している、**「宇宙の法則」**について、これからできるだけわかりやすくご紹介していきますね。

「ぐっすり眠ってお金を得る」不思議な話

あなたはいつも、充分な睡眠時間を確保していますか？

寝ている時間というのは、潜在意識と繋がっている時間です。そしてそれは、とりもなおさず**宇宙と繋がっている時間**ということです。

あなたは眠りにつく前のひととき、「ボーッとしている時間」に、

「お金のことが不安だなあ……」

「お金のことがすごく心配……」

「お金の悩みは尽きない……」

こんなことを考えてはいませんか？　宇宙はいつだって、あなたの本音を見逃しません。

ですから、この意識をそのまま宇宙が叶えてくれてしまいます。

この眠りにつく前の「ボーッとしている時間」というのは、とくに潜在意識と繋がりやすく、願いが叶いやすい時間なのです。

だから、この時間は、

◇お金が入って喜んでいる自分
◇お金をつかって楽しんでみたいこと
◇お金が入って満たされている自分

などを思い浮かべて、楽しくてリラックスした気持ちになることが大切なのです。

そして、睡眠時間はたっぷりと確保するように心がけてくださいね。

今の時代は忙しいので、ついついたくさん働いて睡眠時間をけずってしまう人が多いようです。でも、宇宙の法則では、「たくさん働いたから、たくさん入ってくる」というしくみにはなっていません。

だから、すごく疲れていたら無理に仕事を続けるよりも、ゆったりとした気持ちで「お金が入ったら、楽しいなあ」と考えながら眠りについてください。潜在意識にその情報がインプットされて、お金が引き寄せられてきます。

私はどんなに忙しくても、睡眠時間だけはきちんと確保しています。

あなたも、お仕事や家事で無理しすぎないで「宇宙と繋がっている時間」を大切にしてくださいね。

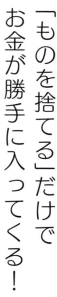

「ものを捨てる」だけでお金が勝手に入ってくる!

あなたは、ものを捨てることが得意ですか? それとも苦手ですか?
「ものを捨てる」と**「お金が入ってくる」ということは、よく起こります**。

空間ができると、そこを埋めようとするエネルギーが働くというのは、宇宙の法則です。だから、ものを捨てると宇宙の法則が働いて、自然とその空間を埋めるためにお金が入ってくるのですね。反対に、ものを捨てられないでいると、空間が足りなくなるのでお金が入りにくくなります。

じつは、**「ものが捨てられない」ことは、お金に対する心のブロックと関係しているのです**。私自身の経験で言うと、お金のブロックを外していったら、ものがバンバン捨てられるようになりました。

潜在意識が「いつでもお金は入ってくるから大丈夫」という状態になっていれば、「必要なときに必要なものが買える」という安心感が生まれ、ものをため込まずに捨てられるようになります。

ものが捨てられるようになると、家の中がスッキリ片づきます。

すると、**空間も浄化されて波動が高くなりますから、さらにお金を引き寄せるという好循環になっていく**のです。

先ほど「ドラマの撮影のセットでは、お金持ちの家ほどものが少ない」というお話をしました。これなどもまさに、宇宙の法則がわかりやすいかたちで表わされているというわけですね。

また、ものを捨てるときには、「お金の流れが悪かった時代」に手に入れたものを捨てていくと、金運が上がりやすくなります。

そういうものは、とくに思い切って処分するといいですよ。

お金を貯めるだけではNG!
喜ばしくお金をつかおう

お金が入ってくるようになるためには、**「お金の流れを止めないこと」**も大切です。

お金について不安に思っていると、必要以上にお金を貯めようとします。

けれどそれは、お金が入ってくることを妨げる原因にもなってしまいます。

もちろん、お金を貯めるのは悪いことではありません。

だけど、貯金ばかりしてつかわないでいると「お金の便秘」になっていきます。

私たちの体もため込むばかりで「出すこと」をせずにいれば、いずれは病気になってしまいます。これはお金でも同じなのです。

「入ってきたものは出す」というのが自然なのです。

これは、入ってきたお金をバンバン無駄づかいすればいいということではありません（笑）。

お金はあなたがほんとうに嬉しい、楽しいと思えることや、ワクワクすることにつかったり、自分の波動を高めるためにつかったりすると、必ずまた戻ってきます。

波動を高めるためとは、たとえば以前から学びたいと思っていたことを学んだり、いつもよりワンランク上のお店に行ってみたり、自分より波動の高い人たちと出会える集まりに参加したりする、ということです。

ただし、これらはすべて、「今のあなたに無理のない範囲」でしてくださいね。

よくお金を引き寄せる方法として「お金持ちのつもりになる」ということが言われます。これは**「お金持ちのマインドを身につける」**とか**「お金持ちの波動を感じる」**という意味で、「高級な場所へ行って、お金持ちになったつもりで、お金をじゃんじゃんつかう」ことではありません。

お金がないという不安を抱えたまま、無理してお金持ちになったつもりでお金をたくさんつかっても波動は上がりません。

純粋に「ああ、いい波動だな、心地いいな」と感じることを経験してほしいのです。

お金をまったくつかわなくても「いつもよりおしゃれして、高級ホテルのロビーへ行ってみる」だけで、豊かなエネルギーを感じることはできます。富裕感の漂《ただよ》うラウンジで、コーヒーを一杯、ゆったりと飲むだけだっていいのです。

借金してまで高級ホテルのスイートルームに泊まってみるとか、そういった無理なことをしても、罪悪感があったり不安な気持ちがあったりする限り波動は上がらないのです。

自分が心から喜べたり楽しめたりすることにお金をつかって、常にお金の流れを止めないように意識してみてください。

「豊かさの波動」に自分をチューニング！

すべてのものはエネルギー体として波動を出しています。そして、もちろんお金にも、波動があります。

お金に関する宇宙の法則は、このようになっています。

◇コツコツお金を貯めたから、お金持ちになれるわけではない
◇一生懸命働いたから、お金持ちになれるわけではない

それでは、どうしたらお金が入ってくるのでしょうか？

その答えは、**「豊かさの波動」に自分を合わせることです。**

今ではパソコンやスマホでもラジオ番組を聴けるようになりましたが、通常、ラジオを聴くときは、聴きたい局の周波数にチューニングしますよね。それと同じで、豊かさの周波数に自分の波動を合わせることでお金が入ってきます。

だから、**お金持ちになりたければ、コツコツお金を貯めるのでも、一生懸命に長い時間働くのでもなく、まずは「豊かさの波動」に自分を合わせる必要がある**のですね。

そして、「豊かさの波動」に自分をチューニングしながら、

◇どのくらい収入を得たいのか

◇どんな生活をしたいのか
◇どんな自分になりたいのか

をイメージしていきます。

「豊かさの波動」に自分を合わせていくための方法として、**金運がよかったときによく行っていた場所へ行く**というのも、とても効果があります。

自分の過去を振り返って、「あのときは金運がよかったな」と思えるときがあれば、その頃よく行っていた場所へ実際に行ってみるのです。

そして、その金運がよかったときのことを思い出して、楽しい気持ちを感じてきてください。きっと、自分の波動が高まることを感じられますよ。

#「願ったのに叶わない」はなぜ起きる？

私たちの願いは、じつはすでにすべて叶っていることを理解すると、もっと上手に宇宙と繋がれるようになります。

たとえば、あなたが、

「お金持ちになりたい！」

と願っているとすると、それはもう叶っているのです。それも、ずうっと叶っているのです。

「え？　どういうこと？」と思いましたか？

それは、**あなたの「『お金持ちになりたい』と願っている状態」が、叶っている**ということなんですね。

お金だけの話ではありません。

あなたが、「恋人が欲しい！」「幸せになりたい！」と願っている限り、「恋人が欲しい」という状態（つまり恋人がいない）が叶っていますし、「幸せになりたい」という憧れ（幸せになっていない）が叶っているのです。

このしくみを理解できないでいると、

「願ったのに叶わない。どうせ叶わないんだ……」

と宇宙の法則を信じられなくなってしまいます。すると、**「どうせ叶わない」状態が「叶ってしまう」**のです！

先ほど「豊かさの波動に自分を合わせていきましょう」とお話ししたのは、こうした理由からなのです。

「なりたい！　なりたい！」

と願っていると、潜在意識はそのまま受け止めてくれるので、**「なりたい」状態のあなたが叶う**のですね。

だから、先に豊かな波動に自分をチューニングすることが肝心。

「こうなる！」と決めて、高い波動に自分を合わせていくことが必要になってくるのです。

「運気の調整」をして効率よく幸せになる！

自分の運気が今、どんな状態かを知ることができると、それに合わせた行動が取れるので、結果が出やすくなります。

運気が上がっているときは、波に乗って行動すればいいですし、下がっていると感じたら自分の運を立てなおせばいいのです。

運気の状態に逆らったことをすると――たとえば、運気が上がっているのに行動していなかったり、運気が下がっているときに無理に新しいことをスタートしたりすると、何をやってもうまくいきません。

それでは、自分の運気が今上がっているか、下がっているかを知る方法をご紹介しましょう。

まず、「あの人は運がいいなあ」とあなたが思う人と一緒にいるとき、自分がどんなふうに感じているかをしっかりと確かめることです。

運がいい人と一緒にいるときに、

◇疲れる
◇元気が出ない
◇パワーダウンする

のであれば、自分の運は下降ぎみになっています。

逆に、運がいい人と一緒にいるときに、

◇楽しい♡
◇心から笑える♡
◇元気が出る♡
◇幸せな気持ちになる♡

のであれば、自分の運気は上昇しています。

まずは、自分の「今の状態」を知ることがとても大切です。
運気が落ちていると感じたら、ともかく体を休めることです。しっかり睡眠を取り、自分のお気に入りの方法で心身を浄化するなどすれば、運気も上がっていくでしょう。

遠慮せずに「理想」を思い描いていい

私は、自分のいろいろな講座で、受講生さんに願いを叶える方法を教えています。

そのときに、願いごとや叶えたいこと、理想の自分などを「好きなように書いてみてください」と言うことがあるのですが、不思議なことが起こります。

自分の理想の姿や願っている人生を書いていいのに、みなさんがなかなか「ほんとうの」理想の自分を書かないのです。

思うのも自由。書くのも自由。

なのに、

「きっと叶わないから、妥協して、このくらいにしておこうかな？」

という感じで、本当の理想の人生を書けないのです。

自分にブロックをかけながら、理想の人生を頭で考えるから、理想通りの人生にならないんですね。

あなたも今、紙とペンを用意してやってみてください。

◇どんな自分になりたいですか？

◇何が欲しい？　やりたいことは？

◇収入はどれくらい欲しい？　どんなところに住んでみたい？

好きなように思っていいですし、書いていいのです。

宇宙と繋がるためには、頭で考えて叶えられそうな目標をつくるのではなく、あなたが「本当に望んでいること」を自由に感じて、書き出すことです。

あなたの「本当の望み」を宇宙に伝えられるようになれば、驚くほど願いがどんどん叶っていきますよ。

お金を増やすことにも効く「グラウンディング」のすすめ

この章の最後に、**「グラウンディング」**についてお伝えします。

地に足をしっかりとつけ、自然の持つ力を活用して心の浄化を促《うなが》すのが「グラウンディング」です。

私は、宇宙と繋がるためにも、「グラウンディング」を毎日の習慣にすることをおすすめします。

これは私の実体験ですが、ずいぶん昔、前のビジネスをしていた頃、売り上げがなかなか伸びない時期がありました。そのときに、次のページから紹介する「グラウンディング」ワークを毎日取り入れたところ、急激に売り上げが伸び、毎月、前月比プラスを更新し続けたのです。自分の中のネガティブな気持ちを吐き出せて心がクリアになり、それによって現実が変化し始めたのでしょう。お金や売り上げに悩んでいる方には、ぜひこのグラウンディングを取り入れてほしいと思います。

じつは、**お金に愛される人は直感を信じる人が圧倒的に多い**のです。

直感がひらめくとは、宇宙からのメッセージが届いている状態なのですが、グラウンディングを習慣にすることで、そのメッセージが降りてきやすくなります。あなたもぜひ、「グラウンディング」ワークを習慣にしてみてください。

「グラウンディング」ワーク

1 **背筋を伸ばして椅子に座ります**

両足の裏を床につけ、両方の手のひらを上に向けて太ももの上に置きます。

2

目を閉じ、深く呼吸をしながら体の緊張をゆるめていきます

呼吸はゆっくり口から吐いて、鼻から吸います。息を吸うときは、エネルギーを体に満たしていくイメージで、吐くときにはネガティブないらないものを全部吐き出していくイメージで行ないます。三回くらい、これをくり返します。

3

尾てい骨と足の裏から木の根が張るイメージ、または光のロープを降ろしていくイメージを思い描き、その木の根、または光のロープを地球の中心に向かってさらにどんどん伸ばしていくことをイメージします

床を越え、地面を越え、地球の中心までどんどん伸ばしていきます。この木の根または光のロープのことを、グラウンディング・コードと言います。

4

地球の中心にグラウンディング・コードが届いたら、コードを地球の中心にしっかりと結びつけるイメージをします

結べたなと思えればＯＫです。

5 **自分の内側にある、ネガティブなエネルギーをグラウンディング・コードをつかって地球の中心まで流すイメージをします**

どうしても許せなかった出来事、こみあげてくる怒り、不安で前に進めない気持ち、忘れられない悲しい出来事などを、どんどん流していく感じです。

6 **ネガティブな波動が、地球の中心で浄化され、エネルギーとなって地球に還っていくさまをイメージします**

7 **地球の中心から湧きあがるマグマのエネルギーを、グラウンディング・コードを通して受け取り、全身に流すようにイメージします**

このマグマのエネルギーを入れていくと、自分の体や心がどんどんパワフルになっていくのが感じられるでしょう。

8 ⑤〜⑦をくり返し、スッキリしたら終了です

9 ゆっくりと意識を元に戻していき、目を開けます

ネガティブな思いが心を占拠しているときには、直感は降りてきにくいものです。また、せっかく降りてきても、その直感を否定して受け取れない状態になってしまいます。反対に、気持ちが整っていてクリアな状態のときには、直感が降りてきやすくなりますし、素直に受け取ることができるようになります。

この「グラウンディング」ワークを毎日行なうことで、自分の中のネガティブなものを流して浄化し、地球のエネルギーをチャージしましょう。すると、いつでもフラットな状態でいられますから、お金に愛されるための直感も受け取れるようになっていきます。

5章

心の準備が万全なら、豊かさはあなたのもの

……お金に愛される人の10のレッスン

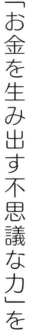

「お金を生み出す不思議な力」を起動させよう

ここまでは、なぜお金に対する「心のブロック」があるとお金を引き寄せることができなくなるのか、そしてお金のある人とお金のない人の違い、リッチマインドを理解するための「宇宙の法則」といった、私が体験したこと、日ごろ考えていることを説明してきました。

なぜ、自分にお金が入ってこないのか、その理由がわかってきたという方もいらっしゃるのではないでしょうか。

ここからは、**『お金に愛される人』の10のレッスン**」として、具体的にどのようにしたらお金が入るようになるかをご紹介していきます。

どれもすぐにできる簡単なワークなので、あなたの習慣になっていないものがあれば、ぜひチャレンジしてみてくださいね。


ここにご紹介したことを習慣にできれば、きっとあなたにもお金がたくさん入ってくるようになりますよ！

ものすごい勢いで願いが叶っていく豊かな人生に、一歩一歩、近づいていきましょう。

LESSON 1

「なりたい自分」を先取りする

私はこれまで、「お金が欲しい」という人にたくさん会ってきました。

そして、講座やセミナーでリッチマインドや宇宙の法則をお伝えすることで、みなさんがもっと豊かな人生を生きるお手伝いをしています。

おかげさまで、多くの受講生さんが夢や目標を叶えて大きなお金を手にしています。なかには、収入が十倍以上になった人もいます。

ところが、いくら頑張っても「お金が増えない人」がいます。

お金に困らない生活がしたくて、「お金持ちになる！」と思っているにもかかわらず、いくら学んでも、何か行動を起こしても、お金が増えないのです。

こういう人に共通する特徴は、「自分のことを信じられない」ことです。

お金が入ってくる自分が信じられないいし、潜在意識のことも、宇宙の法則も、心のどこかで信じられないでいるのですね。

「ほんとうに、そんなことができるの？」という気持ちがどこかにあるのです。

私は、**「お金持ちになること」が難しいのではなくて、「お金持ちになれると信じて疑わないこと」の方が難しい**のだと思っています。

「お金持ちになれる自分」「お金が入ってくる自分」は、自分のことを信じられないとイメージできません。

逆に言えば、自分のことを信じられる人は、自分がお金持ちになれることを信じて疑わないので、お金を引き寄せることができて成功していくのです。

自分に自信をつけるためにおすすめなのは、

「なりたい自分の先取り」

をすることです。これは、「なりたい私になったフリをする」ということです。

お金が入ってから、時間ができてから、できるようになってから……

ではなくて、最初から、なりたい自分になったつもりで、そのように振る舞ってみること。優しい人になりたければ、「優しい自分」を、できる人になりたかったら、「できる自分」を演じてみればいいのです。

最初から自信のある人なんて、いません。

「なりたい自分」を意識して先取りしていくことで、少しずつ自分に自信がついて自己肯定感もアップしていくのです。すると、お金を引き寄せられるようになっていきますよ。

LESSON 2

「質の高い睡眠」を心がける

お金が入ってくるようになる習慣の中でも、私がとくに大切にしているのは**質の高い睡眠**です。

先ほどお話しした通り、睡眠時間というのは潜在意識、つまり宇宙と繋がっている大切な時間です。そして気持ちよく睡眠を取ることでスムーズに宇宙と繋がることができ、必要なお金を手にしたい、豊かになりたいといった願いを引き寄せられるようになるのです。

悩みがあって寝付けない、という話を聞くことがありますが、悩みがあるときほど、良質な睡眠を取ることを意識した方がよいのです。

あなたが自分の頭（顕在意識）で考えるよりも、質の高い睡眠を取ることで宇宙からのメッセージを受け取る方が、悩みが自然と解決する方向へと向かい始めるのです。

だから、夜は悩んだり、仕事をしすぎたり、スマホを見すぎたりしないで、できるだけたくさん質のよい睡眠を取るようにしましょう。

カーテンなどの寝室のインテリアやベッドやリネンなどの寝具は、すこし贅沢《ぜいたく》をしてもいいと思いますよ。

あなたが**気持ちよく眠れる空間のためにつかったお金は、必ずよい結果となって還ってくる**はずです。

LESSON 3

「波動の低いもの」は捨てる

家の中や持ち歩くものの中に、壊れたものやひどく汚れたものはありませんか？
そうしたものは、低い波動を出しているので、処分してしまいましょう。

少しだけ欠けてしまっている食器や、汚れの取れなくなった玄関マットや衣類などがあれば迷わず捨て、電球が切れたらすぐに交換してくださいね。
ひびの入ったスマートフォンの画面なども、すぐに修理してもらいましょう。

低い波動を出すものがあるところに、お金という高い波動のものは入ってこない

のです。

先ほどお話ししましたが、私はこまめにものを処分するようになってから、さらに金運がアップしたと感じています。

「スペースができれば新しいものが入ってくる」という宇宙の法則を信じると、捨てることが楽しくなってきますよ。

「もったいない」と思わずに、波動の低いものはすべて処分してくださいね。

LESSON 4

「自分には、お金がある!」と意識する

「豊かさの波動」に、自分をチューニングしていくことでお金が入ってくるようになります。

そのためにできることは、たとえ今はお金がそれほどないとしても、

「自分にはお金がある」

と自覚することがとても大切です。

以下に、そのための具体的な方法をご紹介します。

①毎日の生活の中でお金を支払うたびに「お金がある」ことを何度も何度も意識する

◇食材を買う↓お金がある
◇好きな洋服を買う↓お金がある
◇家賃を払う↓お金がある
◇好きなケーキを買う↓お金がある
◇バッグを買う↓お金がある

こうやって、「私にはお金がある！」ということを一日に何度も確認していきます。

すると、すこしずつ潜在意識にその自覚が落とし込まれていき、「お金がある」

状態があなたにとっての「あたりまえ」になっていきます。
すると、あなたの目の前の現実も変化し始めるのです。

② お金を受け取るたびに「お金がある」幸福感をしっかり味わう

現実にお金が入ってくることがあったら、そのたびにしっかりとお金が手に入ったときの安堵《あんど》感や幸福感を味わうようにします。
こうすることで、お金に対する不安がなくなっていきます。

お給料やギャランティが振り込まれたら通帳の数字を見ながら、現金払いでお金を受け取ったらそのお金を見ながら、

「お金があるって、いいなあ」
「お金があるって、安心だなあ」

「お金をもらえて、嬉しいなあ」

というふうに、お金のある喜びを素直に感じてみてくださいね。お金がきちんと入ってきているのに、お給料も入ってきているのに喜ばない人が多いのです。

私も以前はそうでした。

「すぐに出ていってしまう」
「こんなに少ない」
「どうせ、すぐになくなっちゃう」

と、お金が入ってきても喜ばないのです。

すると、私たちの潜在意識は、お金は「もらっても嬉しくないもの」と認識してしまうため、お金が入ってこなくなってしまいます。

だからこそ、いつでも「お金が入ってきたことを喜ぶ」ことが、とても大切なのです。

③お金がたくさん入った「その先の未来」をイメージする

最終ステップは、たくさんのお金が入った「その先の未来」をイメージします。自分の気持ちがワクワクするまで、本当にそうなる予定があるように感じるまで楽しみながらイメージしてくださいね。

ここまでできたら、あなたの波動は「豊かさの波動」と周波数が合うようになります。

現実にどんな変化が起きるか、楽しみにしていてくださいね。

LESSON 5

波動を上げたければ本屋さんに行く

お金持ちは他人と自分を比較せず、自分に集中しているというお話をしました。

あなたが、ついつい他人と自分を比較してしまったり、ネガティブなことを考えてしまったりしているときは、「今の自分に集中していない」ときなのです。

やりたいことがあって、夢中になっていたり集中していたりするときには、他人と自分を比較することも、ネガティブなことを考えることもないのです。

もっと正確に言うと、**「自分を楽しんでいるので、他人と比較している暇なんてない！」状態になる**のです。

そして以前、私が講座の中でそのようなお話をしたときに、

「でも、具体的に何をすればいいのかわからない」

という方がいたんですね。

私はそういう方には、

「本屋さんに行く」こと

をおすすめしています。

本屋さんには、たくさんの本がありますから、必ず興味を引かれる本が見つかるはずです。


本屋さんといっても、難しい本ばかり置いてあるわけではないですよね。

好きなイメージの写真集もあるかもしれませんし、趣味が見つかる雑誌に出会え

るかもしれません。漫画だって素敵なものがたくさんあります。

そして、興味のある本を何冊も読んでいるうちにいろいろ興味が出てきた受講生さんに、

「これとこれに興味があるんですけど、どれをやってみたらいいですか？」

と相談されることが出てきます。

そんなときには、

「全部やってみて！　気になったことを全部やってみれば、どれがいいのか自分でわかるから」

とお伝えしています。

始めてみないと自分がほんとうに楽しめるかわかりませんし、何を楽しいと感じるかは人それぞれ。ですから、他人にアドバイスしてもらうよりも、自分の興味のおもむくままに、いろいろなことに挑戦してほしいのです。

本屋さんへ行ったら、普段は行かないような棚のところまで、ゆっくりと本を見ながら歩いてみてください。

今の自分にぴったり合うものが見つかれば、それだけであなたの波動も上がります。

とにかく、少しでも気になる本があれば手に取ってみましょう。

そして、夢中になれる本に出会えれば、あるいは本をきっかけにして自分が夢中になれること、楽しめることが見つかれば、他人と自分を比較したり、ネガティブなことを考えたりする時間なんて自然となくなっていくのです。

LESSON 6

「言霊のパワー」をポジティブに活用する

お金に愛されるようになるには、口にする言葉を意識するといいですよ。

なぜなら、口にする言葉は、潜在意識に刷り込まれていき、人生を大きく動かすからです。

ちなみに、私は「潜在意識」と呼んでいますが、わかりにくければ「神様」としてもいいと思います。

神様は、あなたの願いをなんでも叶えてくれています。

そして、口にする言葉は神様に届きやすいので、覚えておいてくださいね。

たとえば、いつも「私なんて、どうせダメなんだよね」と言っていたら、神様は、「ダメなことをお望みなのね！」と、ダメになることを叶えてくれます。

「あの人なんてうまくいかなきゃいいのに」と言っていたら、神様は、「うまくいかないことをお望みなのね！」と、うまくいかないことを叶えてくれます。

そして、いつも「お金がない」と言っていたら、神様は、「お金がないことがお望みなのね！」と、お金がなくなることを叶えてくれるのです。

だから、日ごろから「お金がない」というようなネガティブな言葉は間違っても口にしないようにすることが、とても大切です。

たとえ謙遜《けんそん》して言った言葉でもパワーがある、ということ。

だから、だれかに「○○さんは、豊かでいいわね」というようなことを言われたら、「そんなことないですよ！　お金なんてないです」などと口にせずに、

「おかげさまで、ありがとうございます」

と言いましょう。はじめはちょっと抵抗があるかもしれませんが、大丈夫、すぐに慣れていきます。

それから、お金に愛されたいなら、あなたもお金のことを心から好きになること。

「お金大好き！」とすんなりと言えるようになると、大きなお金が入ってくるようになります。

「言霊《ことだま》」といって、言葉には魂が宿っていると昔から言われています。

あなた自身が発する言葉にも波動があるので、高い波動を持つ、ポジティブで豊かな言葉を話すようにしてください。

LESSON 7

部屋の中を「トキメクもの」で満たす

潜在意識をフル活用することも、お金に愛される人になるために大切なことです。

私は二十八歳のときに潜在意識について知ったのですが、とても嬉しかったことを覚えています。

潜在意識を知ったことで、才能がなくても、特別な存在ではなくても、頭がよくなくても（笑）、成功できると確信したので、「それなら、私にもできる！」と心から思えたのです。

潜在意識に繋がるために、睡眠を大切にするというお話をしました。

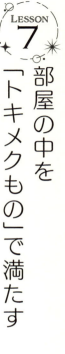

潜在意識に繋がりやすいのは、眠っているときの他にはリラックスしているとき、ボーッとしているときなどです。

豊かになりたい、リッチな生活をしたいという方は、潜在意識にその願いを届ける必要があるので、住まいの空間がとても大切になります。

だれでも一番リラックスするのは、やはり自分の家ですよね。その空間がリッチで豊かな雰囲気であれば、潜在意識にも「リッチで豊かな自分」のイメージがすーっと入っていきやすいのです。

先ほど「波動の低いものは捨てる」というお話をしたのも、そうしたものが目に入ると潜在意識に「貧しさ」のイメージが入ってしまうからです。

だから、お部屋の中には、

◇あなたがトキメクもの

◇あなたのお気に入りのもの
◇あなたがハッピーになれるもの

を置いて、リラックスしたときに目に入るようにしてくださいね。
そして、さらに運気をアップしたいなら、ワンランク上の、

◇高級なトキメクもの
◇上質なトキメクもの

を取り入れていくと、さらに豊かさを引き寄せることができます。

LESSON 8

変化を恐れず「ワンランク上」を目指す

私が出会ったお金のある人たちは、**変化を恐れずに行動**しています。

これは覚えておいてほしいのですが、変化が起きるとき、ステージが変わるときは、どうしてもネガティブなことが起こります。

まるで、**「もう、ステージが変わっても大丈夫?」**と、神様に試されているかのようにです。

私は、たくさんの経営者や成功者に会ってきましたが、みなさん、うまくいく前にはネガティブなことを味わっています。

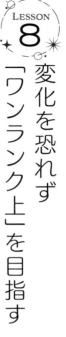

そして、そこから**「ぐ〜んと、ステージが変わっていく」**姿を見たり、そうしたお話を聞いたりしてきました。

私は、ネガティブなことが起こると、**「これから何かが来るんだな」**と思うのと同時に、**「これまでと人生の方向性が変わるんだな」**ということも感じます。

そんなとき、ステージが上がる準備として、何をすればいいのかをお伝えしましょう。

それは、

「居心地が悪いところに、あえて行く！」

ことです。

居心地が悪いところというのは、今のあなたがいる場所よりワンランク上のステージです。普通、居心地が悪いところには行きたくないものです。

いつも仲がいい友達といたいし、いつも一緒のメンバーといると居心地がいいし、いつも同じ話をしている方がラクだし……。

やっぱり同じ場所がいいんですね。

そこをあえて、自分のステージが上がる場所へ、怖くても、居心地が悪くても、行くのです。

すると、はじめは居心地が悪いと感じていたそのワンランク上のステージが、あなたにとっての「あたりまえの世界」になり、あなたの波動はより豊かになって、大きなお金を引き寄せることができます。

LESSON 9

「ネガティブなこと」を寄せつけない

お金に愛されるためには、**ネガティブなものをできるだけ取り入れない**ようにすることも大切です。

自分の環境に低い波動のものを取り入れてしまうと、それを浄化するまではなかなかよいもの、ポジティブなものが入ってこないからです。

たとえば、あなたには、話をしているだけで、なんだかぐったりと疲れてしまう相手はいませんか？

もしかすると、その相手は「エネルギー・バンパイア」かもしれません。

相手のエネルギーを吸血鬼のように奪っていくタイプの人が、世の中には存在します。ネガティブな話ばかりしたり、自分のことばかり話したりする人は、大抵「エネルギー・バンパイア」です。

また、人混みなど自分が知らない人が大勢いるところに行くと、「人酔い」のようにぐったりしてしまうこともありますよね。

それも、人からのマイナス・エネルギーを受けてしまうからなんです。

なんだか調子が悪いな、波動が下がっているな、と感じたときに、だれにでも手軽にできる対処法があります。それは、**塩をつかった「お清め」**です。

自然塩をたっぷり入れたお風呂に浸かるのもいいですし、急いで自分を浄化したいときには塩をパッパッと自分に塩を振りかけてもいいでしょう。

欲しくないものを引き寄せない方法や浄化については、詳しくは私の著書『いいことだけを引き寄せる結界のはり方』（フォレスト出版）に書いてあるので、参考にしてくださいね。

LESSON 10

「自分から先に」与える

お金が入ってくる人たちに共通するのは、**「与える人」**たちだということです。

お仕事でだれかの役に立ち、何かを与えているから、たくさん稼いでいる、ということなんですね。

豊かさを手に入れるためには、「もらうこと」が先ではなくて、「与えること」が先ということです。

「そんなこと言われても、私はお金がないから欲しいのに」という人がいますが、「与える」とは、大金をだれかにあげるという意味ではありません。

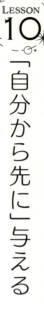

自分が持っているものを先に与えましょう、ということです。

たとえば、あなたにはだれかを喜ばせたり、優しい言葉をかけてあげたりできますよね。

それも、「与える」ことなのです。

私はいつも思うのですが、**与えて、喜ばれて、感謝されたときに、人は心がもっとも満たされる**のではないでしょうか。

その豊かな心の波動が、思ってもみなかったような大きなお金や豊かさを引き寄せるのだと思います。

「与えるのが先」なのは、愛も同じです。愛されたかったら、まずは愛すること。

愛も、与えることから始まるのです。

6章

「幸せでリッチな私」のつくり方

……「いいこと」ばかりが循環する心の習慣とは？

「豊かで幸せ」な人生を手に入れるには？

ここまでお金の話をしてきましたが、私たちはもちろん、お金さえあれば幸せというわけではないですよね。

お金があっても信頼できる人が一人もいないとか、将来が不安でお金をつかうことに前向きになれないとか、自分の好きなことにお金をつかうことを我慢しているとか、そんな状況にあれば幸福を感じていない場合もありますよね。

そこで、「豊かになっていく」のと同時に、「幸せにもなっていく」ために、私がいつも大切だなと考えていること、そして**お金に対する「心のブロック」を外すために自分でできる方法**について、ここからお話ししていきます。

「お金の先にある自由」をイメージしてみる

私たちがほんとうに手に入れたいものは、「お金」なのでしょうか？

もちろん、お金持ちは「お金そのもの」も好きです。私も好きです！

でも、**私たちが手にしたいのは、**

「お金の先にあるもの」

なのですよね。

お金は、あくまでもほんとうの目的を達成するためのツールです。
私たちがほんとうに欲しいものは、お金そのものではなくて、

お金で得られる「自由」

なのです。お金のエネルギーをつかって、

◇欲しい家を買える自由
◇欲しい洋服を買える自由
◇好きな車を買える自由
◇好きなところへ好きなだけ旅行に行ける自由
◇好きなホテルに泊まれる自由
◇親孝行できる自由

◇時間の自由
◇家族と好きなところに行ける自由

こうした自由を手に入れたいと私たちは願っていると思うのです。

だから、私たちの魂がほんとうに望んでいる「お金の先にある自由」を、思いのままにイメージしながら、楽しんだり、ワクワクしたりすることで、お金が集まってくるのです。

ところが、「お金だけ」が目的になっていると、不思議なことに、ある一定以上のお金は入ってこないのです。「お金の限界」がやってきてしまうのですね。

あなたも、「お金が欲しい」と願うのではなく「お金の先にある自由」をイメージして、楽しみながらお金のエネルギーを受け取りましょう。

普段から「大きな金額」を見慣れておく

「今の収入よりも、もっと大きなお金を手に入れたい！」と思ったら、**大きな金額のお金に慣れる**ことから始めましょう。

普段、大きな金額を見慣れていないと、桁数《けたすう》の多い数字を見ると「？」となってしまうこともありますよね。

その状態だと潜在意識にも「大きな数字はよくわからない」と刷り込まれることになり、大きなお金を引き寄せることができません。

そこで、私が実際に大きなお金に慣れるために取った方法をご紹介しますね。

◇銀行の通帳の白紙の部分をコピーします
◇今までにあまり目にしたことのない、大きな数字を書き入れます

このとき、

「このくらいの収入があるといいなあ～」

と思いながら、ワクワクしながら数字を書き入れてくださいね。


そして、それをときどき眺めてください。そうしていると、大きな金額がパッと目に入ったときに、すぐにいくらかわかるようになるはずです。

通帳に書き入れることで、潜在意識はその数字を「自分に入ってくるお金」と認識しますから、大きな金額を引き寄せることになっていきますよ。

お金に対する「心のブロック」の外し方

あなたはお金をつかうとき、どういう気持ちで支払っていますか？

高額の支払いをするときは、ドキドキするし、ザワザワするし、「大丈夫かな？」と心配する気持ちが出てくるかもしれません。

普段、何かを買ってお金を支払うときには、お金がなくなっていく不安や罪悪感を持つ方も多いのではないでしょうか。

私もお金に関する「心のブロック」が強かったときは、買い物の支払いがとくに怖かったのです。

いつもお金がなくなると思っていましたし、「こんなにつかっていいんだろうか？」という罪悪感に苛《さいな》まれてもいました（笑）。

こういう不安を持ちながら支払うと、

「お金は不安なもの」

そして、

「お金はなくなっていくもの」

と潜在意識はとらえます。すると、ほんとうにそのままお金はなくなっていくのです。

だから、そういうふうにお金に不安を持ってしまいそうなときは、すぐにその場でお金に対する考えを書き換えていきましょう。

私が自分の中で、お金に対する考えを書き換えてお金に関する「心のブロック」を外していった方法がこちらです。

◇私がお金をつかうことで、だれかが必ず潤っている
◇私がお金をつかうことで、だれかの役に立っている
◇私がお金をつかうことで、社会の役に立っている

たとえばタクシーに乗ったら、タクシーの運転手さんが潤うと思えば、気持ちよく支払うことができます。私が買い物をすることで、そのお店が潤うと思ったら、気持ちよく支払えるようになったのです。

このように、

「何かにお金をつかうことは、必ず、だれかの役に立ち、社会の役に立っている」

と思えたら、気持ちよくお金を支払えるようになるでしょう。

そして、気持ちよく支払ったお金は気持ちよく戻ってくるし、豊かな気持ちで支払えばお金が豊かに戻ってくるのです。

お金はエネルギーなので、循環させてあげることが大切です。

お金が入ってきてほしいということばかり考えるのではなく、「お金を支払うときの自分の気持ち」を変化させると、お金に対するイメージを書き換えることができます。

支払うときに気持ちよく支払えるようになれば、「お金は必ず入ってくる」と信じられるようになり、お金に関する「心のブロック」は外れていきますよ。

それから、お金に関する「心のブロック」を外して、**今よりも金運を呼び込みたいと思うなら、一つでいいから、ワンランク上のものを取り入れてみてください。**

私は、お金があまりなかった頃、安いものに囲まれていたなと思います。

お金に関して「心のブロック」があって不安だったから、「欲しいもの」ではなくて、「安いもの」を買っていました。

決して、安いものが悪いというわけではありません。自分が心から気に入ったものであれば、安いものでもいいのです。

ただ、ワンランク上のものを取り入れたときのトキメキは、あなたの波動を上げ、金運アップに繫がります。

家の中のインテリアでもいいし、洋服やバッグ、下着でもいいです。自分の気分が上がりそうな上質なものを、無理のない範囲で取り入れてください。

そして、その雰囲気やつかい心地、手触りなどをじっくりと感じてください。

お金に対する「心のブロック」が強く、お金に対して不安がある人は、こうやって一つひとつ、ブロックを外していきましょう。

私もそうやって、どんどん金運を呼び込んでいったのです。

お金をつかったときの「自分の気持ち」に注目

お金はエネルギーなので、循環させておくと自然と入ってくるというお話をしました。ですが、誤解されている方もいるかもしれませんので、「お金のつかい方」と「感情」について、ここで詳しくお伝えしておきますね。

よく、「お金は出せば入ってくる」という話を耳にしますが、ただお金をつかえばいい、ということではないのです。

お金を豊かに循環させるには、**「お金のつかい方」**と、**「つかったときのあなたの気持ち」**がとても大切になってきます。

お金は、自分がほんとうに楽しくて、嬉しくて、喜びがあふれてくると実感できることにつかうことです。

そして、気持ちが苦しくなったり、つらくなったり、不安になったりするようなことにはつかわないでください。

たとえば、本当はいいものが欲しいのに、みじめな気持ちで安いものを買っていると、潜在意識は「安いものしか買えない私」を認識するので、お金は豊かに流れなくなります。

「ほんとうに欲しいもの」を買うことに、罪悪感を持つ必要はありません。自分を大切にして、自分を喜ばせてあげてくださいね。

「執着」を手放すほど軽やかにリッチに！

お金が欲しいという気持ちは、だれもが持っているものだと思います。

「臨時収入が欲しい」
「お給料が増えてほしい」
「売り上げが上がってほしい」

あなただってきっと、思っていますよね。こうした気持ちは持っていてあたりまえですし、悪いことではありません。

でも、ここで大切なことがあるのです。いくらでも「お金が入るようになる」と思っていいのですが、**「執着」**になってしまわないようにしてくださいね。

「執着」になってしまうと、お金は入ってこないのです。

お金に執着してしまって、お金のことしか見えなくなり、物事をなんでもお金で考えてしまうようになると、潜在意識はやっぱり「お金が足りない」と認識してしまい、お金が足りない状況が現実化していくのです。

だから、お金に対しては、「執着」ではなくて「楽しめる」ことを考えるといいのです。

「執着」は、重くて苦しい感情です。

お金に対してそんな感情を持たないためにはどうすればいいかというと、その正反対の、軽くて楽しい感情を持つように意識すること。

お金のことを考えるときには、

「臨時収入があって楽しい！」

「お給料が増えて楽しい！」

「売り上げが上がって楽しい！」


というふうに考えると、お金に対する「執着」を手放せるようになります。

これは、お金があることを先取りしているので、潜在意識も「お金はある」と認識し、さらにお金を引き寄せることになるのです。

「宇宙からのメッセージ」をフラットな心で受け取る

私たちは生きていくうえで、いつも選択をしています。

◇どっちに進んだらいいのだろう？
◇あれとこれ、どっちをやればいいのだろう？
◇それともやらない方がいいのかな？

いつでもいろいろな選択肢に囲まれているんですね。
とくに自分自身に変化の時期がきているとき、大切なことを決めなくてはならないときには、迷ってしまうことがありますよね。

そんなときには、

意図して宇宙からサインをもらう

といいです。

寝ているときは潜在意識と繋がっているので、宇宙からのサインを受け取っている可能性がとても高いのです。

ただし、起きたときに忘れてしまうことも多いです（笑）。

だから、眠りにつく前に、意識して、

「夢の中で答えを教えてください」

と宇宙にお願いしておくのです。

それだけだと忘れてしまいそうなときには、

「朝起きたときにも覚えていられるようにしてください♡」

と、さらにお願いします。


あなたは、やたらと眠くなることはありませんか？

私は、何か変化が起きる前には、とにかく眠くなります。それは、眠ることで魂の世界に戻り、いろいろな情報を受け取ってくる必要があるからなんですね。

もちろん、眠っているとき以外にも宇宙からのメッセージは届いています。

起きているときに宇宙からのメッセージを受け取るには、**フラットな心でいるこ**

とが大切です。

「あれはよい」「これは悪い」と自分で判断しないで、ニュートラルな気持ちで過ごしていると、宇宙からのメッセージを感じやすくなります。

そして、シンクロニシティ（意味のある偶然の一致）などの現象に気づいたり、自分の気持ちがラクになる方を選ぶことができたりして、物事がうまく進むようになるのです。


しっかりと意識して宇宙にお願いすることで、必要な情報を受け取れるようになりますから、ぜひあなたもやってみてくださいね。

「覚悟を決める」と人生が大好転！

この世の中のものは、すべてエネルギー体なので波動を出しています。
人間も同じで、私たちはいつでも波動を出しているのです。

こんな経験はありませんか？

◇朝からだれかに怒られて、悲しい気持ちや落ち込んだ気持ちになっていたら、その日はなぜか一日中、悲しいことや落ち込むことばかり起こる
◇朝からだれかにほめられたり感謝されたりして、嬉しい気持ちや楽しい気持ち

になっていたら、その日はなぜか一日中、いいことづくめで最高にハッピーな一日になる

こうしたことはすべて、自分が発している波動（エネルギー）と同じ波動のものが引き寄せられているからなんですね。

ということは、自分の波動（エネルギー）が変われば、人生に変化を起こすことができるということです。

それでは、どうしたら自分の波動（エネルギー）を変えることができるかというと、**自分の「思い」を宣言する**こと。

そして、**「私はこうなる！」と強く思うこと**です。

私は、お金持ちになる！
私は、夢を叶える！

私は、結婚する！

と、自分の「思い」を宣言するのです。

それは、「もう後ろを振り向かない」と覚悟を決めるということでもあります。

たとえば、ハワイや沖縄に旅行したかったとして、

「いつか行けたらいいですね……」

「行けるといいなあ……」

とぼんやり考えているだけでは、いつまでたっても行けません。

けれど、「ハワイに行く！」「沖縄に行く！」と決めれば、それに向かってお金を用意したり、なぜか突然、その旅行に見合ったお金が入ってきたりして、必ず行けるようになるのです。

人生もそれと同じで、**強い思いを持って人生に変化を起こすと決める**ことで、**願いを実現させるためのパワー**が生まれます。

強い思いを持って覚悟を決めることで生まれるパワーはとても大きいので、私たちの波動に変化を起こすことができるのです。

そして、その上がった波動に見合った、豊かなお金も愛も手に入れられるのです。

「ワクワク妄想する自分♪」を楽しむ

あなたは、ぼんやりと考えごとをすることがありますか？

私は、小さな頃から妄想することが大好きでした。
だから、ぼんやりと妄想している時間がだれよりも長いです！

そして、今ならわかるんです。その**妄想が自分の現実を形づくることに、とても役立っていた**ということに。

もし、あなたがぼんやりと考えごとをすることがあったら、その中身に意識を向けてくださいね。ぼんやりと考えているときは潜在意識に繋がりやすいので、考えていることが現実になってしまうことが多いんです。

だから、どうせなら、トキメクような、ワクワクするような、楽しい妄想をしてくださいね。

◇彼とラブラブ
◇旦那様とラブラブ
◇お金持ちになっていい
◇好きなだけ買い物をしていい
◇大成功していい
◇通帳にたくさんのお金が振り込まれていい
◇ビジネスがうまくいっていい

こんな妄想をするのは、だれにも邪魔されない、「私」だけの時間です!

「ワクワクして、妄想が止まらない♪」

あなたにも、こんなふうに、たくさんの妄想を好きなだけ楽しんでほしいのです。


私は今まで、ワクワクする妄想をたくさん現実化してきました。

お金のことだけでなく、旦那様と復縁して結婚することまで。


妄想を現実化するためには、潜在意識を活用する必要があります。

ですから、妄想をするなら「寝る前」がおすすめです。寝る前は、潜在意識の扉が開いているので、妄想がストンと入って、現実化します。

私たちは毎日眠りにつくのですから、妄想するチャンスも毎日あります。楽しくて止まらなくなる妄想をたくさんして、それが現実化することを楽しみましょう。

「知りたい！」ピュアな好奇心でお金のセンスを磨く

子どもの頃はだれもがあたりまえのように持っていた好奇心ですが、大人になると失いやすくなるようです。

これはお金だけの話ではないのですが、**好奇心を持つことって、とても大切**です。

たとえば私は、

◇お金持ちって、どんな人？
◇お金が稼げる人って、どんな人？

◇お金が入ってくる人って、どんな人？
◇お金から愛される人って、どんな人？
◇お金が入るには、どうしたらいいの？
◇お金持ちになるには、どうしたらいいの？
◇お金が入ってくる人は、どんなことをしてるの？
◇金運が上がるって？
◇金運が強いとは？

こういうことに、とっても興味があって、「お金のことをもっと知りたい」といつも思っていました。

お金に興味があって、好奇心を持っていて、「お金に愛されている人に会いたい！」と思っていたので、たくさんのお金に恵まれた方々に会ってお話しする機会を得ることができたと思います。

成功者や、こうなりたい、こうありたいと思う人を見たときに、

「私とは違うし」

「私とは次元が違うし」

「あの人は特別でしょ」

と思ってしまったら、それで終わりなんです。好奇心を失ってしまうと、その先の未来が見えなくなります。

だから、あきらめないことが大切。「どうしてだろう？」「知りたい！」と思う好奇心を持ち続けてくださいね。


うまくいく恋愛や、結婚、理想の仕事などについても同じです。

「どうしてうまくいくの？」

「知りたい！」

という好奇心を持っている人の方が、自分の望む恋愛や結婚、理想の仕事などを引き寄せます。

そして、**好奇心を持つことで、お金でも恋愛でも、すべてにおいて自分のセンスが磨かれていく**のですね。

もちろん最初はセンスがなくて、うまくいかないこともあります。

たとえば、私は子どもの頃から、写真を見るのがとても好きで、今では撮るのも好きです。でも、自分の写真を見ると「まだまだだなあ……」と思います。

そしてSNSの素敵な写真や、美しい写真を見て、「どうして、こんなにきれいに撮れるんだろう？」と興味はつきません。

こうして興味を持ち、好奇心を持ち続けることがセンスを磨くことになるとわかっているので、あきらめずに、

「どうして～？　もっとキレイに撮る秘訣《ひけつ》が知りたい！」

と日々、好奇心を全開にしてチャレンジしています！

子どもみたいに純粋な好奇心を失わずにいると、好奇心を向けた対象を引き寄せるパワーになりますよ。

「清く『貧しく』美しく」をやめる

「清貧《せいひん》」という言葉を美徳としている日本人は多いと思います。

ですが、貧しいことが「清らか」で、お金があることは「清らかではない」というような印象を持っている人にお金は入ってきません。

お金が「汚い」ものだと認識していたら、私たちは汚いものは欲しくないですから、潜在意識はお金を引き寄せてくれないのです。

貧乏がいいとされていたり、
お金の話はなるべく避けたり、

売り上げの話はしてはいけなかったり、
お金は汚いものだからと言われていたり、
お金持ちはみんな成金に見えてしまったり、
人を騙《だま》していると思い込んでいたり。

こういう人は、「清く正しく美しく」ではなくて、

清く「貧しく」美しく

がいいと潜在意識に植えつけてしまっているのです。
ものの少ない時代、貧しい時代にはそうした考え方で乗り切るしかなかったのかもしれません。

でも、私たちはもうそろそろ、

「お金も心も豊か」

を目指しても、いいのではないでしょうか。

実際に、金銭的な豊かさは、

「心の豊かさ」

にもつながっていくのですから。

これから、世の中はもっともっと「心の豊かさ」が問われる時代に入っていくと思うのです。

あなたも、過去の考え方にとらわれず、そろそろ本気で「豊かさ」を意識していくようにしてくださいね。

そうすれば、「お金も心も豊か」という、本当の豊かさを手に入れられるようになります。

「豊かになった自分」をありありとイメージする

とても大事なことなのですが、「お金が欲しい」「収入を上げたい」という願望を持つだけでなく、そうなったときの、

「豊かな自分はどんな感じだろう」

ということを常に意識していてほしいのです。

豊かになった自分は、

◇どんな仕事をしているか?

◇だれと一緒に過ごしているか？
◇毎日のスケジュールはどんな感じ？
◇何を大切にしている？

そして、豊かになった自分は、

今の友達、今の彼、今の夫と一緒に過ごしていたいだろうか？

そんなふうに考えると、自分がこれから取るべき行動も見えてくるはずです。
豊かになったときの自分のあり方をイメージしておくことは、幸せなお金持ちになるためにとても大切なのです。

「お金さえあれば、他はどうでもいい！」なんて人はいませんよね。

豊かになった自分はどうしているか、ゆったりとリラックスした状態でイメージしてみてください。

そうすれば潜在意識に届いて、その状態を引き寄せることができますよ。

「答え」は全部、自分の中にある

なかなかお金が入らない人、人生が好転しない人を見て感じるのは、

自分で決められない人が多い

ということです。

「お財布はどんなものを買ったらいいですか?」

など、本来なら自分で選ぶといいものについて、「どうしたらいいのか」とご相

談をいただくことも多くなってきました。
日本人の多くは物事を決定することが苦手で、時間がかかるようです。
それは、

失敗してはいけない
間違えてはいけない
正確さを求めている

からなのだとか。
きっと、ご質問をくださる方も、そうなのかもしれませんね。
でも、私はそうした質問にはお答えしていません。
答えたくないから、面倒だから答えないのではなく、理由があるんです。

◇自分が何を求めているのか？
◇自分が欲しいものは何か？
◇自分がやりたいことは何か？
◇自分が好きなものは何か？
◇自分が幸せだと思うものは何か？

こういうことについては、**全部「自分の中」に答えがある**んですね。なのにだれかに答えを求めてしまうと、自分の喜びが減ってしまうんです。それに、だれかに答えてもらっていたら、自信がつかなくなります。

だから私は、欲しいものを選ぶときは、自分の心に聞いて、自分で感じて、自分自身で選んでほしいと思います。

自分が欲しいものを選ぶのに、自分の心に聞かないで、人任せにして決めてもらうなんて、ほんとうにもったいないことなんです。

直感で選んでみる。
欲しいと思った心に忠実になる。

自分で決めるから、
自分に自信がついて、
自分の人生も楽しくなる。

だから、自分の答えを出してほしいのです。それが、自分の人生の幸せと喜びになるから。

◇失敗してもいい
◇間違えてもいい
◇損してもいい

失敗や間違いを経験するから、自分は何を好きで何が嫌いか、わかるようになっていくのです。

これは、お金についても同じですね。

自分はどのくらいのお金が入ってきたら幸せなのか？
どのくらいのお金なら稼げるのか？
何に対して、どのくらいお金をつかうのか？

こうしたことを自分で決めていくことで、お金に対して感じる力が身についていきます。

それが、これからの大きなお金に繋がっていきます。

おわりに

たくさんの方が豊かでHAPPYになりますように

この本では、私がいつもどんなふうに「リッチマインド」を保っているかについてお話ししてきました。

この本は、私にとっては初めての「お金」に関する書籍となります。

「なんだか自分はお金の運がよくないな……」と思っていたあなたが、「自分の心の持ち方しだいでお金が入ってくるようになる！」と思えるようになってくれることを願って書かせていただきました。

お金に対する「心のブロック」が強く、あまりお金のなかった私が、どんなふうにマインドを変え、今のようにお金が入ってくるようになったかをお伝えしてきました。

そして、私が普段お目にかかっているお金持ちの人たちはどんな生活をしているのか、どんなマインドを持っているのかということも、精いっぱいご紹介してきました。これらのことが、あなたのお役に立ったなら、とても嬉しいです。

後半では実践できる「ワーク」もご紹介してきましたが、人が何かを習慣にするためには、二十一日間は続ける必要があります。

もしも三日坊主でやめてしまっても、どうか自分を責めずに、また新たな気持ちでスタートしてみてくださいね。

新しいことを身につけることが大変なのは、私も実感しています。

ご紹介してきたワークを実践することで、それが習慣になり、徐々にあなたの心がリッチマインドになっていき、お金の入り方が変わっていくはずです。

お金について不安に思うことがあったら、何度でもこの本を開いてみてください。お金にまつわるワークも、毎日できなかったとしても、お金のことで不安になったらこの本を見てやってもらえれば、きっとあなたに変化がおとずれると思います。

この本が、いつもあなたの近くにあるお金のバイブルになり、あなたを豊かな世界へ導くことができれば、著者としてこれほど嬉しいことはありません。

たくさんの方が、豊かでＨＡＰＰＹになりますように。

たくさんの感謝を込めて。

碇　のりこ

本書は、ＫＡＤＯＫＡＷＡより刊行された『わたしと宇宙を繋げてすべてを手に入れる「お金の絶対法則」』を、文庫収録にあたり、加筆・改筆・再編集のうえ、改題したものです。

いつもお金《かね》を引《ひ》き寄《よ》せる人《ひと》の心《こころ》の習慣《しゅうかん》

著者　碇のりこ（いかり・のりこ）
発行者　押鐘太陽
発行所　株式会社三笠書房
〒102-0072 東京都千代田区飯田橋3-3-1
電話　03-5226-5734（営業部）03-5226-5731（編集部）
https://www.mikasashobo.co.jp
印刷　誠宏印刷
製本　ナショナル製本

 ISBN978-4-8379-3096-9 C0130

王様文庫

いちいち気にしない心が手に入る本

内藤誼人

対人心理学のスペシャリストが教える「何があっても受け流せる」心理学。◎「マイナスの感情」をはびこらせない　◎〝胸を張る〟だけで、こんなに変わる　◎「自分だって捨てたもんじゃない」と思うコツ……etc.「心を変える」方法をマスターできる本！

週末朝活

池田千恵

「なんでもできる朝」って、こんなにおもしろい！　○「朝一番のカフェ」の最高活用法　○今まで感じたことがない「リフレッシュ」　○「できたらいいな」リスト……週末なら、時間も行動も、もっと自由に組み立てられる。心と体に「余白」が生まれる59の提案。

「運のいい人」は手放すのがうまい

大木ゆきの

こだわりを上手に手放してスパーンと開運していくコツを「宇宙におまかせナビゲーター」が伝授！　◎心がときめいた瞬間、宇宙から幸運が流れ込む　◎「思い切って動く」とエネルギーが好循環……心から楽しいことをするだけで、想像以上のミラクルがやってくる！

K30643